Zu Weihnachten 2005

Für den lieben
Karsten-Bernard

Mögen Dir diese Märchen
in Deiner Jugend viel
Freude bereiten

Dein Opa Karsten

und

Elli

Die allerschönsten Märchen von H. C. Andersen

Illustrationen von Sabine Metz
Übersetzung von Heinrich Denhardt

arsEdition

Besonders für Uwe, Moritz, Vincent und Florian
für ihre großartige Unterstützung!
S. M.

Inhaltsverzeichnis

Die Prinzessin auf der Erbse 4

Das kleine Mädchen mit den Schwefelhölzern 8

Tölpelhans 16

Das hässliche junge Entlein 28

Die Brautleute 50

Der standhafte Zinnsoldat 56

Die Störche 68

Däumelieschen 80

Des Kaisers neue Kleider 106

Der Schweinehirt 116

Die Prinzessin auf der Erbse

Es war einmal ein Prinz, der wollte eine Prinzessin heiraten, aber es sollte eine wirkliche Prinzessin sein. Nun reiste er die ganze Welt umher, um eine solche zu finden, aber überall stand etwas im Wege. Prinzessinnen waren schon genug da, aber ob es auch wirkliche Prinzessinnen waren, dahinter konnte er durchaus nicht kommen: Immer war etwas da, das nicht stimmte. So kam er denn wieder nach Hause und war ganz betrübt, denn er wollte so gern eine wirkliche Prinzessin haben.

Eines Abends entstand ein furchtbares Unwetter, es blitzte und donnerte, der Regen strömte hernieder, es war geradezu entsetzlich. Da klopft es an das Stadttor und der alte König ging hin, um zu öffnen. Es war eine Prinzessin, die draußen vor demselben stand. Aber, mein Gott, wie sah sie von dem Regen und dem bösen Wetter aus! Das Wasser triefte ihr von den Haaren und Kleidern herunter und lief in die Schuhspitzen hinein und aus den Hacken wieder heraus, und sie sagte, dass sie eine wirkliche Prinzessin wäre.

Nun, das wollen wir bald genug herausbekommen!, dachte die alte Königin, sagte aber nichts, ging in das Schlafzimmer, nahm alle Betten heraus und legte eine Erbse auf den Boden der Bettstelle. Darauf nahm sie zwanzig Matratzen, legte sie auf die Erbse und dann noch zwanzig Eiderdaunenbetten oben auf die Matratzen.

Da sollte die Prinzessin nun des Nachts liegen. Am Morgen fragte man sie, wie sie geschlafen hätte.

»Oh, entsetzlich schlecht!«, sagte die Prinzessin. »Ich habe fast die ganze Nacht kein Auge zutun können! Gott weiß, was in meinem Bette gewesen ist? Ich habe auf etwas Hartem gelegen, sodass ich am ganzen Körper braun und blau bin! Es ist wahrhaft entsetzlich!«

Daran konnte man denn sehen, dass sie eine wirkliche Prinzessin war, da sie durch die zwanzig Matratzen und die zwanzig Eiderdaunenbetten die Erbse gefühlt hatte. So feinfühlig konnte nur eine wirkliche Prinzessin sein!

Da nahm der Prinz sie zur Frau, denn nun wusste er, dass er eine wirkliche Prinzessin hatte, und die Erbse kam in die Kunstkammer, wo sie noch zu sehen ist, wenn sie niemand genommen hat.

Seht, das war eine wirkliche Geschichte.

Das kleine Mädchen mit den Schwefelhölzern

Es war entsetzlich kalt, es schneite, und der Abend dunkelte bereits; es war der letzte Abend im Jahre, Silvesterabend. In dieser Kälte und in dieser Finsternis ging auf der Straße ein kleines armes Mädchen mit bloßem Kopfe und nackten Füßen. Es hatte wohl freilich Pantoffel angehabt, als es von zu Hause fortging, aber was konnte das helfen! Es waren sehr große Pantoffeln, sie waren früher von seiner Mutter gebraucht worden, so groß waren sie, und diese hatte die Kleine verloren, als sie über die Straße eilte, während zwei Wagen in rasender Eile vorbeijagten; der eine Pantoffel war nicht wieder aufzufinden und mit dem anderen machte sich ein Knabe aus dem Staube, welcher versprach, ihn als Wiege zu benutzen, wenn er einmal Kinder bekäme.

Da ging nun das kleine Mädchen auf den nackten zierlichen Füßchen, die vor Kälte ganz rot und blau waren. In ihrer alten Schürze trug sie eine Menge Schwefelhölzer und einen Bund hielt sie in der Hand. Während des ganzen Tages hatte ihr niemand etwas abgekauft, niemand ein Almosen gereicht. Hungrig und frostig schleppte sich die arme Kleine weiter und sah schon ganz verzagt und eingeschüchtert aus. Die Schneeflocken fielen auf ihr langes blondes Haar, das schön gelockt über ihren Nacken hinabfloss, aber bei diesem Schmucke weilten ihre Gedanken wahrlich nicht. Aus allen Fenstern strahlte heller Lichterglanz und über alle Straßen verbreitete sich der Geruch von köstlichem Gänsebraten. Es war ja Silvesterabend, und dieser Gedanke erfüllte alle Sinne des kleinen Mädchens. In einem Winkel zwischen zwei Häusern, von denen das eine etwas weiter in die Straße vorsprang als das andere, kauerte es sich nieder. Seine kleinen Beinchen hatte es unter sich gezogen, aber es fror nur noch mehr und wagte es trotzdem nicht, nach Hause zu gehen, da es noch gar kein Schächtelchen mit Streichhölzern verkauft, noch gar keinen

Heller erhalten hatte. Es hätte gewiss vom Vater Schläge bekommen, und kalt war es zu Hause ja auch, sie hatten das bloße Dach gerade über sich, und der Wind pfiff schneidend hinein, obgleich Stroh und Lumpen in die größten Ritzen gestopft waren. Ach, wie gut musste ein Schwefelhölzchen tun! Wenn es nur wagen dürfte, eins aus dem Schächtelchen herauszunehmen, es gegen die Wand zu streichen und die Finger daran zu wärmen! Endlich zog das Kind eins heraus. Ritsch! Wie sprühte es, wie brannte es. Das Schwefelholz strahlte eine warme helle Flamme aus, wie ein kleines Licht, als es das Händchen um dasselbe hielt. Es war ein merkwürdiges Licht; es kam dem kleinen Mädchen vor, als säße es vor einem großen eisernen Ofen mit Messingbeschlägen und Messingverzierungen, das Feuer brannte so schön und wärmte so wohltuend! Die Kleine streckte schon die Füße aus, um auch diese zu wärmen – da erlosch die Flamme. Der Ofen verschwand – sie saß mit einem Stümpfchen des ausgebrannten Schwefelholzes in der Hand da.

Ein neues wurde angestrichen, es brannte, es leuchtete, und an der Stelle der Mauer, auf welche der Schein fiel, wurde sie durchsichtig wie ein Flor. Die Kleine sah gerade in die Stube hinein, wo der Tisch mit einem blendend weißen Tischtuch und feinem Porzellan gedeckt stand, und köstlich dampfte die mit Pflaumen und Äpfeln gefüllte, gebratene Gans darauf. Und was noch herrlicher war, die Gans sprang aus der Schüssel und watschelte mit Gabel und Messer im Rücken über den Fußboden hin; gerade die Richtung auf das arme Mädchen schlug sie ein. Da erlosch das Schwefelholz, und nur die dicke kalte Mauer war zu sehen.

Sie zündete ein neues an. Da saß die Kleine unter dem herrlichsten Weihnachtsbaum; er war noch größer und weit reicher ausgeputzt als der, den sie am Heiligabend bei dem reichen Kaufmann durch die Glastür gesehen hatte. Tausende von Lichtern brannten auf den grünen Zweigen, und bunte Bilder, wie die, welche in den Ladenfenstern ausgestellt werden, schauten auf sie hernieder, die Kleine streckte beide Hände nach ihnen in die Höhe – da erlosch das Schwefelholz. Die vielen Weihnachtslichter stiegen höher und höher, und sie sah jetzt erst, dass es die hellen Sterne waren. Einer von ihnen fiel herab und zog einen langen Feuerstreifen über den Himmel.

»Jetzt stirbt jemand!«, sagte die Kleine, denn die alte Großmutter, die sie allein freundlich behandelt hatte, jetzt aber längst tot war, hatte gesagt: »Wenn ein Stern fällt, steigt eine Seele zu Gott empor!« Sie strich wieder ein Schwefelholz gegen die Mauer; es warf einen weiten Lichtschein ringsumher, und im Glanze desselben stand die alte Großmutter hell beleuchtet mild und freundlich da.

»Großmutter!«, rief die Kleine. »Oh, nimm mich mit dir! Ich weiß, dass du verschwindest, sobald das Schwefelholz ausgeht, verschwindest, wie der warme Kachelofen, der köstliche Gänsebraten und der große flimmernde Weihnachtsbaum!« Schnell strich sie den ganzen Rest der Schwefelhölzer an, die sich noch im Schächtelchen befanden, sie wollte die Großmutter festhalten; und die Schwefelhölzer verbreiteten einen solchen Glanz, dass es heller war als am lichten Tage. So schön, so groß war die Großmutter nie gewesen, sie nahm das kleine Mädchen auf ihren Arm und hoch schwebten sie empor in Glanz und Freude; Kälte, Hunger und Angst wichen von ihm – sie waren bei Gott.

Aber im Winkel am Hause saß in der kalten Morgenstunde das kleine Mädchen mit roten Wangen, mit Lächeln um den Mund – tot, erfroren am letzten Tage des alten Jahres. Der Morgen des neuen Jahres ging über der kleinen Leiche auf, die mit den Schwefelhölzern, wovon fast ein Schächtelchen verbrannt war, dasaß. »Sie hat sich wärmen wollen!«, sagte man. Niemand wusste, was sie Schönes gesehen hatte, in welchem Glanze sie mit der alten Großmutter zur Neujahrsfreude eingegangen war.

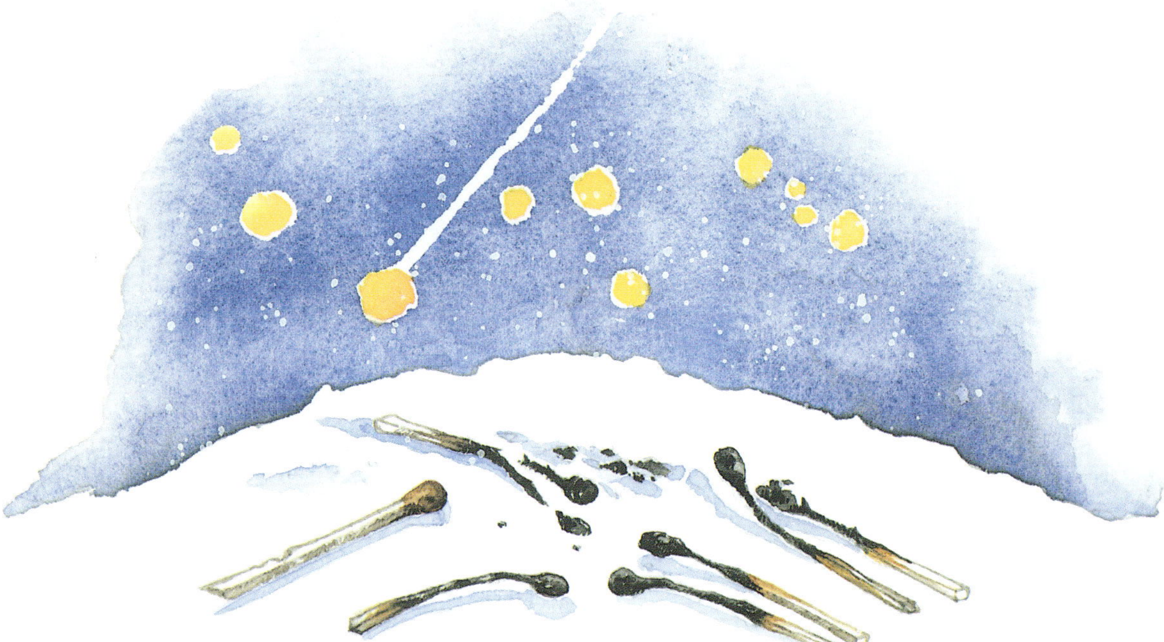

Tölpelhans

Draußen auf dem Lande war ein alter Herrensitz und in demselben lebte ein Gutsbesitzer, der hatte zwei Söhne, die so witzig waren, dass es an der Hälfte genug war. Sie wollten um die Tochter des Königs freien, und das durften sie, denn dieselbe hatte bekannt machen lassen, dass sie denjenigen zum Gemahl nehmen wollte, der sich am gewandtesten und klügsten mit ihr unterhalten könnte.

Die beiden bereiteten sich nun acht Tage lang vor, das war die längste Zeit, die ihnen dazu gewährt wurde, sie war aber auch hinreichend, denn sie hatten Vorkenntnisse, und die sind immer nützlich. Der eine wusste das ganze lateinische Lexikon und drei Jahrgänge der städtischen Zeitung auswendig, und zwar rückwärts wie vorwärts. Der andere hatte sich mit sämtlichen Paragrafen aller Zunftgesetze und mit dem, was jeder Zunftmeister wissen musste, bekannt gemacht. Auf diese Weise, meinte er, könnte er über Staats- und gelehrte Sachen mitsprechen. Außerdem verstand er Tragbänder zu sticken, denn er war fein und fingerfertig.

»Ich bekomme die Königstochter!«, sagten sie alle beide, und deshalb gab ihr Vater jedem von ihnen ein schönes Pferd; der, welcher das Lexikon und die Zeitungen auswendig wusste, bekam ein kohlschwarzes, und der, welcher sich zunftmeisterlich gebaren und sticken konnte, erhielt ein milchweißes, und darauf schmierten sie sich die Mundwinkel mit Lebertran ein, damit sie geschmeidiger würden. Alle Dienstleute waren unten im Hofe, um zuzusehen, wie sie zu Pferde stiegen. In demselben Augenblicke erschien der dritte Bruder, denn es waren ihrer drei, aber niemand zählte ihn als Bruder mit, weil er nicht die gleiche erstaunliche Gelehrsamkeit besaß wie die beiden anderen, und alle Welt nannte ihn nur Tölpelhans.

»Wo wollt ihr hin, dass ihr euch in den Bratenrock geworfen habt?«, fragte er.

»An den Hof, um mit der Königstochter zu plaudern! Hast du nicht gehört, was im ganzen Lande ausgetrommelt wird?«, und darauf erzählten sie es ihm.

»Potztausend, da muss ich mit dabei sein!«, sagte Tölpelhans, und die Brüder lachten ihn aus und ritten von dannen.

»Vater, gib mir ein Pferd!«, rief Tölpelhans. »Ich bekomme solche Lust, mich zu verheiraten. Nimmt sie mich, so nimmt sie mich, und nimmt sie mich nicht, so nehme ich sie doch!«

»Was ist das für ein Geschwätz!«, sagte der Vater. »Dir gebe ich kein Pferd. Du kannst ja nicht sprechen! Deine Brüder, das ist etwas anderes, das sind Prachtjungen!«

»Soll ich kein Pferd bekommen«, sagte Tölpelhans, »so nehme ich den Ziegenbock, der gehört mir und ist imstande, mich zu tragen!« Damit setzte er sich rittlings auf den Ziegenbock, stieß ihm die Hacken in die Seite und sprengte die Landstraße entlang. Hui, wie das ging! »Hier komme ich!«, rief Tölpelhans, und darauf sang er, dass es widerhallte.

Die Brüder ritten aber ganz still voran, sie sprachen kein einziges Wort, sie mussten alle die guten Einfälle, die sie vorbringen wollten, noch einmal überlegen.

»Hallo! Hallo!«, rief Tölpelhans. »Hier komme ich! Seht, was ich auf der Landstraße fand!« Mit diesen Worten zeigte er ihnen eine tote Krähe, die er gefunden hatte.

»Tölpel!«, fuhren sie ihn an. »Was willst du mit derselben?«

»Ich will sie der Königstochter schenken!«

»Ja, tue es!«, sagten sie, lachten und ritten weiter.

»Hallo! Hallo! Hier komme ich! Seht, was ich jetzt gefunden habe! Das findet man nicht alle Tage auf der Landstraße!«

Die Brüder wandten sich wieder um, sich den seltenen Schatz anzusehen. »Tölpel!«, sagten sie. »Das ist ja ein alter Holzschuh, von dem der obere Teil abgegangen ist! Soll die Königstochter den etwa auch haben?«

»Das soll sie!«, sagte Tölpelhans, und die Brüder lachten, ritten weiter und kamen ihm eine große Strecke voraus.

»Hallo! Hallo! Hier bin ich!«, rief Tölpelhans. »Nein, nun wird es immer ärger! Hallo! Hallo! Das ist unvergleichlich!«

»Was hast du jetzt wieder gefunden?«, fragten die Brüder.

»Oh!«, sagte Tölpelhans. »Es ist eigentlich kein Gesprächsgegenstand! Wie sie sich aber freuen wird, die Königstochter!«

»Pfui!«, sagten die Brüder. »Das ist ja Schlamm, der aus dem Straßengraben ausgeworfen ist.«

»Das stimmt!«, sagte Tölpelhans. »Und er ist von der allerfeinsten Art, dass man ihn gar nicht festhalten kann!«, und darauf füllte er sich die Tasche damit an.

Aber die Brüder ritten, was das Zeug halten wollte, und überholten ihn eine ganze Stunde.

Sie hielten an dem Stadttore, an dem die Freier je nach ihrer Ankunft nummeriert und in Reihe gestellt wurden, je sechs in jedem Gliede und so dicht, dass sie die Arme nicht rühren konnten. Das war nun sehr gut, denn sonst hätten sie sich gegenseitig das Zeug vom Leibe reißen müssen.

Alle übrigen Bewohner des Landes standen rings um das Schloss, bis zu den Fenstern hinauf, um mit anzusehen, wie die Königstochter die Freier empfing.

Merkwürdig!, sobald einer derselben die Schwelle ihres Zimmers überschritt, verließ ihn sein Rednertalent.

»Taugt nichts!«, sagte die Königstochter. »Weg!«

Jetzt kam derjenige der Brüder, der das Lexikon auswendig wusste, aber bei dem langen Stehen in Reihe und Glied hatte er es völlig vergessen.

Dazu knarrte der Fußboden, und die Decke war von Spiegelglas, sodass er sich selbst auf dem Kopfe sah, und nun standen sogar an jedem Fenster drei Schreiber und ein Stadtältester, die alles, was gesprochen wurde, aufschrieben, damit es sofort in die Zeitung kommen und an jeder Ecke für zwei Dreier verkauft werden konnte. Es war entsetzlich, es war furchtbar!

Und zum Überfluss war im Ofen eingefeuert worden, dass er rotglühend war.

»Hier herrscht eine drückende Hitze!«, begann der Freier das Gespräch.

»Das kommt daher, weil mein Vater heute junge Hähne brät!«, sagte die Königstochter.

Bäh! – da stand er, die Erwiderung hatte er nicht erwartet; nicht ein Wort wusste er zu sagen, denn er glaubte eine äußerst tiefsinnige Ansicht geäußert zu haben. Bäh.

»Taugt nichts!«, sagte die Königstochter. »Weg!« Und so musste er seiner Wege ziehen. Nun kam der zweite Bruder.

»Hier ist eine entsetzliche Hitze!«, sagte er.

»Ja, wir braten heute junge Hähne!«, versetzte die Königstochter.

»Wie belie – –«, fragte er, und alle Schreiber schrieben: »Wie belie – –?«

»Taugt nichts!«, sagte die Königstochter. »Weg!«

Nun kam Tölpelhans, er ritt auf seinem Ziegenbocke gerade in das Zimmer hinein. »Das ist denn doch eine glühende Hitze!«, sagte er.

»Das rührt davon her, dass ich junge Hähne brate!«, entgegnete die Königstochter.

»Das wäre ja herrlich!«, sagte Tölpelhans. »Dann kann ich wohl auch eine Krähe gebraten bekommen?«

»Den Gefallen will ich Ihnen gern erweisen!«, erwiderte die Königstochter. »Aber haben Sie auch etwas, worin sie gebraten werden kann, denn ich habe hier weder Topf noch Pfanne!

»Aber mir fehlt es nicht daran!«, rief fröhlich Tölpelhans.
»Hier ist ein vortreffliches Kochgeschirr!«, und dabei zog er den alten Holzschuh hervor und legte die Krähe mitten hinein.

»Das reicht zu einer ganzen Mahlzeit!«, meinte die Königstochter. »Aber wo bekommen wir die Sauce her?«

»Die habe ich in der Tasche!«, sagte Tölpelhans neckisch.
»Ich habe so viel, dass ich verschwenderisch damit umgehen kann!«, und darauf schüttete er etwas Schlamm aus der Tasche.

»Das kann mir gefallen!«, sagte die Königstochter. »Du kannst doch antworten, und du kannst reden, und dich will ich zu meinem Gemahle erheben! Aber weißt du wohl, dass jedes Wort, das wir sagen und gesagt haben, aufgeschrieben wird und morgen in die Zeitung kommt? An jedem Fenster siehst du drei Schreiber und einen Stadtältesten stehen, und der Stadtälteste ist der Schlimmste, denn er kann nicht gut hören!« Das sagte sie nur, um ihm Furcht einzujagen. Und alle Schreiber lachten und machten einen Tintenklecks auf den Fußboden.

»Das sind wohl die Herrschaften da!«, versetzte Tölpelhans. »Dann muss ich dem Stadtältesten schon mein Bestes schenken!« Zugleich wandte er seine Taschen um und warf ihm den ganzen Schlamm gerade ins Gesicht.

»Da hast du dir gut zu helfen gewusst!«, sagte die Königstochter. »Das hätte ich nicht zu tun vermocht! Aber ich werde es wohl noch lernen!« –

Und so wurde Tölpelhans denn König, bekam eine Frau und eine Krone und saß auf einem Throne, und das alles haben wir der Zeitung des Stadtältesten entnommen – auf die freilich auch kein rechter Verlass ist.

Wochenblatt
Nr 29.
30. Aug 1858
Ihro Königl. Hoheiten
Aus dem Reiche
Sinn des gemeinsamen Lebens

Das hässliche junge Entlein

Draußen auf dem Lande war es herrlich! Es war Sommer! Das Korn stand gelb, der Hafer grün. Das Heu war unten auf den grünen Wiesen in Schobern aufgestellt, und da spazierte der Storch auf seinen langen roten Beinen und klapperte ägyptisch, denn diese Sprache hatte er von seiner Mutter gelernt. Um den Acker und die Wiesen zogen sich große Wälder, und mitten in denselben befanden sich tiefe Seen. Oh, es war herrlich da draußen auf dem Lande! Mitten im warmen Sonnenscheine lag da ein altes Rittergut, von tiefen Kanälen umgeben, und von der Mauer an bis zum Wasser hinunter wuchsen dort große Klettenblätter, die so hoch waren, dass unter den größten kleine Kinder aufrecht stehen konnten. Darin war es geradeso wild wie im tiefsten Walde. Hier lag eine Ente auf ihrem Neste, um ihre Jungen auszubrüten, aber jetzt war sie dessen fast überdrüssig, weil es doch gar zu lange dauerte und sie dabei so selten Besuch bekam. Die anderen Enten zogen es vor, auf den Kanälen herumzuschwimmen, anstatt sie zu besuchen und unter einem Klettenblatte zu sitzen, um mit ihr zu plaudern.

Endlich platzte ein Ei nach dem anderen. »Piep, piep!«, sagte es, alle Eidotter waren lebendig geworden und steckten den Kopf heraus.

»Rap, rap! Eilt, eilt!«, riefen sie, und da rappelten und beeilten sie sich nach Kräften und guckten unter den grünen Blättern nach allen Seiten umher. Die Mutter ließ sie sich auch umschauen, so viel sie wollten, denn das Grüne ist gut für die Augen.

»Wie groß ist doch die Welt!«, sagten alle Jungen; denn freilich hatten sie jetzt ganz anders Platz als zu der Zeit, da sie noch drinnen im Ei lagen.

»Haltet ihr das schon für die ganze Welt?«, fragte die Mutter. »Die erstreckt sich noch weit über die andere Seite des Gartens hinaus bis in das Feld des Pfarrers; da bin ich indes noch nie gewesen! — Ihr seid doch alle hübsch beisammen!«, setzte sie hinzu und erhob sich. »Nein, ich habe noch nicht alle! Das größte Ei liegt immer noch da! Wie lange soll denn das noch dauern? Nun habe ich es wirklich bald satt!« Und dann legte sie sich wieder.

»Nun, wie geht es?«, fragte eine alte Ente, die auf Besuch gekommen war.

»Es dauert mit dem einen Ei so lange!«, sagte die Ente, welche brütete. »Es zeigt sich noch kein Loch in demselben. Aber nun sollst du die anderen sehen. Es sind die hübschesten jungen Enten, die ich

je gesehen habe. Sie sind sämtlich ihrem Vater wie aus den Augen geschnitten! Der Bösewicht, er besucht mich nicht einmal!«

»Lass mich doch das Ei sehen, das nicht platzen will«, erwiderte die Alte. »Verlass dich darauf, es ist ein Putenei. So bin ich auch einmal angeführt worden und ich hatte meine liebe Not mit den Jungen, denn sie fürchten sich vor dem Wasser, kann ich dir sagen. Erst konnte ich sie gar nicht ausbekommen, so viel ich auch rappte und schnappte, ermahnte und nachhalf! – Lass mich doch das Ei sehen! Ja, das ist ein Putenei! Lass es liegen und lehre lieber deine anderen Kinder schwimmen!«

»Ich will doch noch ein wenig darauf liegen bleiben!«, entgegnete die Ente. »Habe ich nun so lange gelegen, kommt es auf etwas länger auch nicht an!«

»Jeder nach seinem Geschmack!«, sagte die alte Ente und nahm Abschied.

Endlich platzte das große Ei. »Piep, piep!«, sagte das Junge und kroch heraus. Es war sehr groß und auffallend hässlich. Die Ente besah es sich. »Das ist ja ein entsetzlich großes Entlein!«, sagte sie. »Keines von den anderen sieht so aus. Sollte es wirklich eine junge Pute sein? Nun, da wollen wir bald dahinterkommen! In das Wasser muss es, und sollte ich es selbst hineinstoßen!«

Am nächsten Tage war prächtiges, herrliches Wetter! Die Sonne schien brennend heiß auf alle die grünen Kletten hernieder. Die Entleinmutter erschien mit ihrer ganzen Familie am Kanale. Platsch! sprang sie in das Wasser. »Rap, rap!«, rief sie und ein Entlein nach dem anderen plumpste hinein. Das Wasser schlug ihnen über dem Kopf zusammen, aber sie tauchten gleich wieder empor und schwammen stolz dahin, die Beine bewegten sich von selbst, und alle waren sie in dem nassen Elemente, selbst das hässliche, graue Junge schwamm mit.

»Nein, das ist keine Pute!«, sagte sie. »Sieh nur einer, wie hübsch es die Beine gebraucht, wie gerade es sich hält! Es ist mein eigenes Kind. Im Grunde ist es ganz niedlich, wenn man es nur genauer betrachtet. Rap, rap! Kommt nun mit, jetzt sollt ihr die Welt kennen lernen. Ich werde euch im Entenhofe vorstellen, aber haltet euch immer in meiner Nähe, damit euch niemand trete, und nehmt euch vor der Katze in Acht!«

Und so kamen sie in den Entenhof hinein. Ein erschrecklicher Lärm herrschte drinnen, denn zwei Familien bekämpften sich um einen Aalkopf, und trotzdem bekam ihn die Katze.

»Seht, so geht es in der Welt zu!«, sagte die Entleinmutter und schnappte mit dem Schnabel, denn sie wollte auch den Aalkopf haben. »Gebraucht nun eure Beine«, sagte sie, »seht zu, dass ihr euch etwas beeilt und neigt den Hals vor der alten Ente dort. Sie ist die vornehmste von allen hier. Spanisches Blut rollt in ihren Adern, deshalb ist sie so schwerfällig. Wie ihr seht, trägt sie einen roten Lappen um das Bein. Das ist etwas unvergleichlich Schönes und die höchste Auszeichnung, die je eine Ente erhalten kann. Es soll andeuten, dass man sie nicht verlieren will und dass sie Tieren und Menschen kenntlich sein soll. Rappelt euch! Sputet euch! Nicht die Beine einwärts! Ein wohlerzogenes Entlein setzt die Beine weit auseinander, gerade wie Vater und Mutter! Seht so! Neigt nun euren Hals und sagt: Rap!« Und das taten sie.

Aber die anderen Enten ringsumher betrachteten sie und sprachen: »Seht nur einmal! Nun sollen wir die Sippschaft auch noch bekommen, als ob wir nicht schon genug wären! Pfui, wie das eine Entlein aussieht! Das wollen wir nicht unter uns dulden!« Und sogleich flog eine Ente hin und biss es in den Nacken.

»Lass es zufrieden!«, sagte die Mutter. »Es tut ja niemand etwas!«

»Ja, aber es ist so groß und sonderbar!«, sagte die Ente, welche es gebissen hatte. »Und deshalb muss es weggejagt werden!«

»Das sind schöne Kinder, die Mütterchen hat!«, sagte herablassend die alte Ente mit dem Lappen um den Fuß. »Sämtlich schön mit Ausnahme des einen, das missglückt ist! Ich wünschte, sie könnte es umbrüten!«

»Das geht nicht, Euer Gnaden!«, sagte die Entleinmutter. »Es ist nicht hübsch, aber es hat ein sehr gutes Gemüt und schwimmt ebenso vortrefflich wie eines der anderen, ja ich darf sagen, fast noch etwas besser. Ich denke, es wird sich auswachsen oder mit der Zeit kleiner werden. Es hat zu lange im Ei gelegen und deshalb nicht die rechte Gestalt bekommen.«

Darauf zupfte sie es im Nacken und fing an es zu glätten. »Außerdem«, fuhr sie fort, »ist es ein Enterich, und da schadet es nicht so viel. Ich bilde mir ein, er wird tüchtige Kräfte bekommen, da schlägt er sich schon durch!«

»Die anderen Entlein sind ja ganz niedlich!«, sagte die Alte. »Tut nun, als ob ihr zu Hause wäret, und findet ihr einen Aalkopf, so könnt ihr mir ihn bringen!«

Und so waren sie wie zu Hause.

Aber das arme Entlein, das zuletzt aus dem Ei gekrochen und so hässlich war, wurde gebissen, gepufft und gehänselt von den Enten wie von den Hühnern. »Es ist zu groß«, sagten sie allesamt, und der Puterhahn, der mit Sporen geboren war und deshalb in dem Wahne stand, dass er der Kaiser wäre, blies sich wie ein Schiff mit vollen Segeln auf, ging gerade auf dasselbe zu, kollerte und wurde ganz rot am Kopfe. Das arme Entlein wusste weder, wie es stehen noch wie es gehen sollte. Es war betrübt, dass es so hässlich aussah und dem ganzen Entenhofe zum Gespötte diente.

So ging es den ersten Tag und später wurde es schlimmer und schlimmer. Das arme Entlein wurde von allen gejagt, selbst seine Geschwister waren recht unartig gegen dasselbe und sagten immer: »Wenn dich nur die Katze holen wollte, du garstiges Ding!«, und die Mutter seufzte: »Wärest du nur weit fort!« Die Enten bissen es, die Hühner hackten auf dasselbe los, und die Futtermagd stieß es mit dem Fuße.

Da lief und flog es über den Zaun; die Vöglein in den Büschen erhoben sich erschrocken in die Luft. Daran ist meine Hässlichkeit schuld!, dachte das Entlein und schloss die Augen, lief aber trotzdem weiter. So gelangte es bis zu dem großen Moore, in dem die wilden Enten wohnten. Hier lag es die ganze Nacht, denn es war sehr müde und traurig.

Am Morgen flogen die wilden Enten auf und erblickten den neuen Kameraden. »Was bist du denn für ein Landsmann?«, fragten sie, und das Entlein drehte sich nach allen Seiten und grüßte, so gut es konnte.

»Du bist abschreckend hässlich!«, sagten die wilden Enten. »Aber das kann uns einerlei sein, wenn du nur nicht in unsere Familie hineinheiratest!« Das Arme, es dachte wahrlich nicht ans Heiraten. Ihm war nur daran gelegen, die Erlaubnis zu erhalten, im Schilfe zu liegen und Moorwasser zu trinken.

Zwei ganze Tage lang hatte es dagelegen, als zwei wilde Gänse oder vielmehr Gänseriche dorthin kamen. Sie waren noch nicht gar lange aus dem Ei gekrochen und deshalb auch etwas vorschnell.

»Höre, Kamerad, du bist so hässlich, dass du förmlich hübsch bist und wir dich gut leiden können. Willst du zu uns halten und Zugvogel sein? Dicht nebenbei in einem anderen Moore wohnen einige süße liebliche wilde Gänschen, lauter Fräulein, die das Rap, rap! köstlich zu plaudern verstehen, du bist imstande dazu, dein Glück zu machen, so hässlich du auch bist!«

Piff, paff! knallte es da plötzlich, und beide wilde Gänseriche fielen tot in das Schilf hinab, und das Wasser wurde blutrot. Piff, paff! knallte es abermals, und ganze Scharen wilder Gänse flogen aus dem Schilfe auf, und dann knallte es wieder. Es war große Jagd; die Jäger lagen rings um das Moor herum, ja, einige saßen oben in den Baumzweigen, die sich weit über das Röhricht hinstreckten. Der blaue Pulverdampf zog wie Wolken durch die dunklen Bäume hindurch und ruhte weit über dem Wasser. In den Sumpf drangen die Jagdhunde hinein. Platsch, platsch! Schilf und Rohr neigten sich

nach allen Seiten. Was war das für ein Schreck für das arme Entlein! Es drehte den Kopf, um ihn unter die Flügel zu stecken, als in demselben Augenblicke ein fürchterlich großer Hund dicht vor ihm stand; die Zunge hing dem Tiere ganz lang aus dem Halse und die Augen funkelten grässlich. Er berührte das Entlein fast mit der Schnauze, wies die scharfen Zähne und – platsch! zog er sich zurück, ohne es zu packen.

»Gott sei Dank!«, seufzte das Entlein. »Ich bin so hässlich, dass mich selbst der Hund nicht beißen mag!«

So lag es denn ganz still, während die Schrotkörner in das Schilf sausten und Schuss auf Schuss knallte.

Erst am späten Nachmittage wurde es still, aber das arme Junge wagte noch nicht, sich zu erheben. Es wartete noch mehrere Stunden, ehe es sich umschaute, und dann eilte es, so schnell es konnte, aus dem Moore weiter. Es lief über Feld und Wiesen, und dabei war ein Sturm, dass es nur mit Mühe vorwärts kommen konnte.

Gegen Abend erreichte es ein erbärmliches Bauernhäuschen, das in so traurigem Zustande war, dass es selbst nicht wusste, nach welcher Seite es fallen sollte, und so blieb es stehen. Der Sturm

brauste dermaßen um das wilde Entlein, dass es sich setzen musste, um Widerstand zu leisten. Und es wurde immer schlimmer und schlimmer. Da bemerkte es, dass sich die Tür aus der einen Angel gehoben hatte und so schief hing, dass es durch die Spalte in die Stube hineinschlüpfen konnte, und das tat es.

Hier wohnte eine alte Frau mit ihrer Katze und ihrem Huhne, die Katze, welche sie Söhnchen nannte, konnte einen Buckel machen und spinnen. Selbst Funken konnte man ihr entlocken, wenn man sie im Dunkeln gegen die Haare strich. Das Huhn hatte sehr kleine

niedrige Beine und wurde deshalb Kurzbeinchen genannt. Es legte goldene Eier und die Frau liebte es wie ihr eigenes Kind.

Am Morgen bemerkte man sogleich das fremde Entlein, und die Katze begann zu spinnen und das Huhn zu klucken.

»Was ist das?«, rief die Frau und schaute sich um, da sie aber nicht gut sah, hielt sie das Entlein für eine fette Ente. »Das ist ja ein sonderbarer Fang!«, sagte sie. »Nun kann ich Enteneier bekommen. Wenn es nur kein Enterich ist! Das müssen wir erproben.«

So wurde denn das Entlein für drei Wochen auf Probe angenommen, aber Eier kamen nicht.

Nun war die Katze der Herr im Hause und das Huhn war die Frau, und immer sagten sie: »Wir und die Welt!« denn sie glaubten, dass sie die eine Hälfte wären, und zwar der allerbeste Teil.

Dem Entlein wollte es bedünken, dass man auch wohl anderer Meinung sein könnte, aber das duldete das Huhn nicht.

»Kannst du Eier legen?«, fragte es.

»Nein!«

»Nun gut, dann halte auch deinen Mund!«

Und die Katze sagte: »Kannst du einen Buckel machen, kannst du spinnen, kannst du Funken sprühen?«

»Nein!«

»Dann darfst du auch keine Meinung haben, wenn vernünftige Leute reden!«

Und das Entlein saß im Winkel und war schlechter Laune. Da dachte es unwillkürlich an die frische Luft und den Sonnenschein und bekam eine so eigentümliche Lust, auf dem Wasser zu schwimmen, dass es sich endlich nicht länger enthalten konnte, es dem Huhne anzuvertrauen.

»Was sprichst du da?«, fragte dasselbe. »Du hast nichts zu tun, deshalb plagen dich so seltsame Launen. Lege Eier oder spinne, dann gehen sie vorüber!«

»Aber es ist köstlich, auf dem Wasser zu schwimmen!«, entgegnete das Entlein. »Köstlich, sich den Kopf in den Fluten zu kühlen oder auf den Grund niederzutauchen!«

»Ja, das muss wirklich ein prächtiges Vergnügen sein!«, sagte das Huhn spöttisch. »Bist du denn närrisch geworden! Frage einmal die Katze, sie ist die Klügste, die ich kenne, ob es ihr so angenehm vorkommt, auf dem Wasser zu schwimmen oder unterzutauchen! Ich will von mir gar nicht reden. – Frage selbst unsere Herrschaft, die alte Frau, klüger als sie ist niemand in der Welt. Meinst du, sie hätte

Lust zu schwimmen oder sich das Wasser über dem Kopfe zusammenschlagen zu lassen?«

»Ihr versteht mich nicht!«, sagte das Entlein.

»Wenn wir dich nicht verstehen, wer sollte dich dann wohl verstehen? Du wirst doch wohl nicht klüger sein wollen als die Katze und die Frau, um meiner gar nicht zu erwähnen. Zier dich nicht, Kind, und setze dir keine Grillen in den Kopf! Danke deinem Schöpfer für all das Gute, das man dir erwiesen hat! Hat man dich nicht in eine warme Stube und in einen Umgangskreis aufgenommen, von dem du etwas lernen kannst? Aber du bist ein Faselhans, und es ist keineswegs erfreulich, mit dir umzugehen! Mir kannst du Glauben schenken, denn ich meine es gut mit dir, ich sage dir kränkende Wahrheiten, und daran kann man seine wirklichen Freunde erkennen! Sieh jetzt nur zu, dass du Eier legst und spinnen und Funken sprühen lernst!«

»Ich glaube, ich gehe in die weite Welt hinaus!«, sagte das Entlein.

»Ja, tue das!«, entgegnete das Huhn.

Da ging denn das Entlein. Es schwamm auf dem Wasser, es tauchte unter, aber von allen Tieren wurde es um seiner Hässlichkeit willen übersehen.

Jetzt erschien der Herbst; die Blätter im Walde wurden gelb und braun, der Sturm entführte sie und wirbelte sie umher, und oben in der Luft machte sich die Kälte bemerkbar. Die Wolken hingen schwer von Hagel und Schneeflocken, und auf dem Zaune stand ein Rabe und schrie: »Au, au!« vor lauter Kälte. Ja, man konnte schon ordentlich frieren, wenn man nur daran dachte. Das arme Entlein hatte es wahrlich nicht gut.

Eines Abends, die Sonne ging gerade wunderbar schön unter, kam ein ganzer Schwarm prächtiger, großer Vögel aus dem Gebüsch hervor, wie sie das Entlein noch nie so schön gesehen hatte. Sie waren blendend weiß und hatten lange geschmeidige Hälse: es waren Schwäne. Sie stießen einen merkwürdigen Ton aus, breiteten ihre prächtigen, großen Schwingen aus und flogen aus den kalten

Gegenden fort nach wärmeren Ländern, nach offnen Seen. Sie stiegen so hoch, so hoch, dass dem hässlichen jungen Entlein ganz seltsam zumute wurde. Es drehte sich im Wasser wie ein Rad herum, streckte den Hals hoch nach ihnen aus und stieß einen so lauten und sonderbaren Schrei aus, dass es sich ordentlich vor sich selber fürchtete. Es konnte die prächtigen, die glücklichen Vögel nicht vergessen, und sobald es sie nicht mehr wahrnahm, tauchte es bis auf den Grund unter, und geriet, als es wieder emporkam, förmlich außer sich. Es wusste nicht, wie die Vögel hießen noch wohin sie zogen, aber doch hatte es dieselben lieb wie nie jemand zuvor. Neid kam gleichwohl nicht in sein Herz. Wie hätte ihm auch nur in den Sinn kommen können, sich eine solche Schönheit zu wünschen. Es wäre schon froh gewesen, wenn nur die Enten es hätten unter sich dulden wollen – das arme hässliche Tier.

Und der Winter wurde so kalt, so kalt! Das Entlein musste unermüdlich umherschwimmen, um das Zufrieren zu verhindern. Aber jede Nacht wurde das Loch, in dem es schwamm, schmäler und schmäler. Es war eine Kälte, dass die Eisdecke krachte.

Das Entlein musste fortwährend die Beine gebrauchen, damit sich das Loch nicht völlig schloss. Endlich wurde es matt, lag ganz still und fror so im Eise fest.

In der Frühe des folgenden Morgens kam ein Bauer, der das arme Tier gewahrte. Er ging hin, zerschlug das Eis mit seinem Holzschuh, rettete es und trug es heim zu seiner Frau. Da lebte es wieder auf.

Die Kinder wollten mit demselben spielen. Da aber das Entlein glaubte, sie wollten ihm wehe tun, fuhr es in der Angst gerade in eine Milchschüssel, sodass die Milch in der Stube umherspritzte. Die Frau schlug entsetzt die Hände zusammen. Dann flog das Entlein auf das Gestell, auf dem die Butter aufbewahrt wurde, und von hier in die Mehltonne hinein und dann wieder in die Höhe. Da könnt ihr euch denken, wie es aussah! Die Frau schrie und schlug mit der Feuerzange nach demselben, die Kinder liefen einander über den

Haufen und lachten und lärmten. Gut war es, dass die Tür offen stand; so konnte sich das Entlein zwischen die Sträucher in den frisch gefallenen Schnee hinausretten, und da lag es nun bis auf den Tod erschöpft.

Allein es würde wahrlich zu traurig sein, all die Not und das Elend zu erzählen, welche das Entlein in dem harten Winter auszustehen hatte. – Es lag zwischen dem Röhricht im Moor, als die Sonne wieder warm zu scheinen begann; die Lerchen sangen, es war ein herrlicher Lenz.

Da entfaltete es mit einem Male seine Schwingen, stärker sausten sie als zuvor und trugen es kräftig vorwärts, und ehe dasselbe es recht wusste, befand es sich in einem großen Garten, wo die Äpfelbäume in voller Blüte standen, wo die Fliedersträucher dufteten und ihre langen, grünen Zweige zu den sich sanft dahinschlängelnden Bächen und Kanälen herniedersenkten. Oh, wie war es hier so köstlich, so frühlingsfrisch! Und gerade vor ihm kamen aus dem Dickicht drei schöne, weiße Schwäne angeschwommen, mit gekräuseltem Gefieder glitten sie leicht und majestätisch über das Wasser dahin. Das Entlein erkannte die prächtigen Tiere und wurde von einer eigentümlichen Schwermut ergriffen.

»Ich will hinfliegen zu ihnen, den königlichen Vögeln, und sie werden mich totbeißen, weil ich, der ich so hässlich bin, mich ihnen zu nähern wage. Aber meinetwegen! Besser von ihnen getötet als von den Enten gezwackt, von den Hühnern gepickt, von der Hühnermagd gestoßen zu werden und im Winter alles mögliche Weh über sich ergehen zu lassen!« Und es flog auf das Wasser und schwamm den prächtigen Schwänen entgegen, die mit gesträubten Federn auf dasselbe losschossen. »Tötet mich nur!«, sagte das arme Tier und neigte sein Haupt gegen den Wasserspiegel und erwartete

den Tod – aber was sah es in dem klaren Wasser? Es sah unter sich sein eigenes Bild, aber es war nicht mehr ein plumper, schwarzgrauer Vogel, hässlich und Abscheu erweckend, es war selbst ein Schwan.

Es tut nichts, in einem Entenhofe geboren zu sein, wenn man nur in einem Schwanenei gelegen hat!

Nun fühlte es sich förmlich glücklich über alle die Not und Widerwärtigkeit, die es ausgestanden hatte. Nun verstand es erst sein Glück, erst die Herrlichkeit recht zu würdigen, die es überall begrüßte. – Und die großen Schwäne umschwammen es und streichelten es mit ihrem Schnabel.

Da traten einige kleine Kinder in den Garten hinein! Sie warfen Brot und Korn in das Wasser, und das kleinste rief: »Da ist ein neuer!« Und die anderen Kinder jubelten mit: »Ja, es ist ein neuer angekommen!« Sie klatschten in die Hände, tanzten umher, holten Vater und Mutter herbei und es wurde Brot und Kuchen in das Wasser geworfen, und sie sagten alle: »Der neue ist der schönste, so jung und majestätisch!« Und die alten Schwäne verneigten sich vor ihm.

Da überschlich ihn Schüchternheit und Verschämtheit und er verbarg den Kopf unter den Flügeln, es war ihm so eigen zumute, er wusste fast selbst nicht wie. Er war allzu glücklich, aber durchaus

nicht stolz, denn ein gutes Herz wird niemals stolz. Er dachte daran, wie er verfolgt und verhöhnt worden, und hörte nun alle sagen, er wäre der schönste von allen schönen Vögeln. Die Fliedersträucher neigten sich mit den Zweigen zu ihm in das Wasser hinunter, und die Sonne schien warm und erquickend. Da sträubte er sein Gefieder, der schlanke Hals erhob sich und aus Herzensgrunde jubelte er: »So viel Glück habe ich mir nicht träumen lassen, als ich noch das garstige Entlein war!«

Die Brautleute

Ein Kreisel und ein Ball lagen zwischen anderem Spielzeug zusammen in einem Schubkasten, und da sagte der Kreisel zum Balle: »Wollen wir nicht Brautleute sein, da wir doch in einem Schubfache beieinander liegen?« Doch der Ball, der aus Saffianleder genäht war und sich ebenso viel wie ein feines Fräulein einbildete, wollte auf dergleichen gar keine Antwort erteilen.

Am nächsten Tage kam der Besitzer des Spielzeuges, ein kleiner Knabe, und bemalte den Kreisel auf der Oberfläche rot und golden und schlug einen Messingnagel mitten hinein. Das nahm sich gerade sehr prächtig aus, wenn der Kreisel sich herumdrehte.

»Sehen Sie mich an!«, sagte er zum Balle. »Was sagen Sie nun? Wollen wir nun nicht Brautleute sein? Wir passen gar gut zueinander, Sie springen und ich tanze. Glücklicher als wir beide könnten andere niemals werden!«

»So, meinen Sie wirklich?«, entgegnete der Ball. »Sie wissen wohl nicht, dass mein Vater und meine Mutter Saffianpantoffeln gewesen sind und dass ich einen Kork im Leibe habe?«

»Ja, aber ich bin von Mahagoniholz!«, sagte der Kreisel. »Und der Bürgermeister hat mich selbst gedreht, er besitzt eine eigene Drehbank, und es hat ihm viel Vergnügen gewährt!«

»Kann ich mich darauf verlassen?«, fragte der Ball.

»Nie will ich Peitsche bekommen, wenn ich lüge!«, beteuerte der Kreisel.

»Sie verstehen für sich zu reden!«, sagte der Ball. »Aber ich kann gleichwohl nicht einwilligen. Ich bin mit einer Schwalbe so gut wie halb verlobt. So oft ich mich in die Luft erhebe, steckt sie den Kopf aus ihrem Neste und fragt: ›Wollen Sie? Wollen Sie?‹ Innerlich habe ich nun bereits Ja gesagt, und es ist demnach so gut wie eine halbe Verlobung. Aber ich verspreche Ihnen, Sie nie zu vergessen!«

»Das wird mir großen Nutzen bringen!«, meinte der Kreisel, und dann sprachen sie nicht mehr miteinander.

Am nächsten Tage wurde der Ball hervorgeholt. Der Kreisel sah, wie er gleich einem Vogel hoch in die Luft flog, bis er zuletzt dem Auge ganz entschwand. Er kehrte jedes Mal wieder zurück, machte aber, sobald er die Erde berührte, immer von neuem einen Sprung,

sei es nun, dass es aus Sehnsucht geschah oder weil er einen Kork im Leibe hatte. Das neunte Mal blieb aber der Ball ganz fort und kam nicht mehr wieder. Der Knabe suchte und suchte, aber fort war er und blieb er.

»Ich weiß wohl, wo er ist!«, seufzte der Kreisel. »Er ist im Schwalbenneste und ist nun mit der Schwalbe verheiratet!«

Je mehr der Kreisel darüber nachdachte, desto mehr fühlte er sich zu dem Balle hingezogen. Gerade weil er ihn nicht bekommen konnte, darum wuchs seine Liebe. Dass er einen anderen vorgezogen hatte, das war das Eigentümliche dabei. Der Kreisel drehte sich fortwährend um sich selbst und schnurrte, aber immer gedachte er dabei des Balles, der in seinen Gedanken schöner und schöner wurde. Darüber verging manches Jahr – und da war es eine alte Liebe.

Der Kreisel war nun nicht mehr jung. Aber da wurde er eines Tages über und über vergoldet. Nie hatte er so herrlich ausgesehen! Es war nun ein richtiger Goldkreisel und sprang, dass es nur so schnurrte. Ja, das lasse ich mir gefallen! Aber auf einmal sprang er zu hoch und – fort war er.

Man suchte und suchte, sogar unten im Keller, aber er war gleichwohl nicht zu finden. – Wo war er?

Er war in ein Kehrichtfass gesprungen, in dem allerlei Abfälle lagen: Kohlstrünke, Kehricht, auch Moos und Schutt, die von der Dachrinne hinuntergefallen waren.

»Ein schöner Platz für mich! Hier wird meine Vergoldung bald abgehen. Welchem Lumpenpack muss ich hier Gesellschaft leisten!«

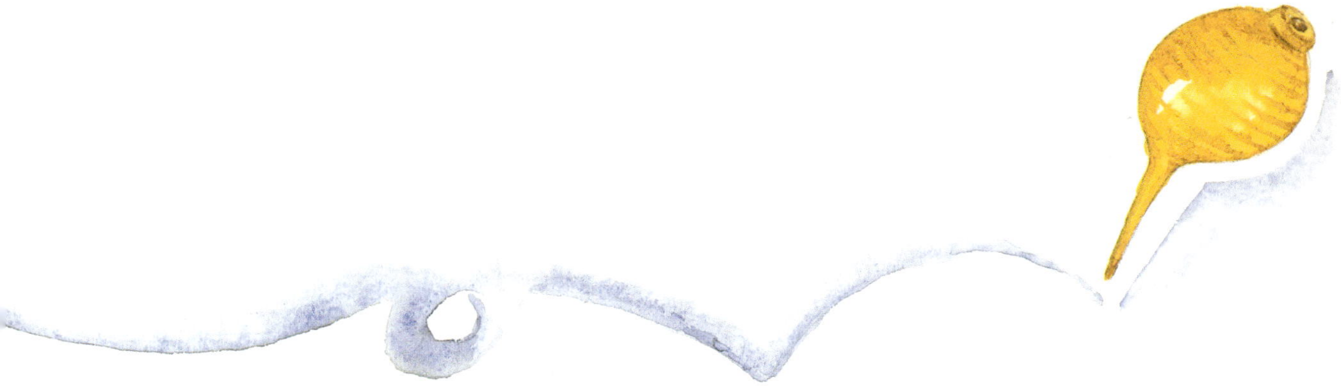

Dabei schielte er nach einem Kohlstrunk, der ihm allzu nahe lag, und nach einem seltsamen runden Dinge, das fast wie ein alter Apfel aussah. Aber es war kein Apfel, es war ein alter Ball, der viele Jahre oben in der Dachrinne gelegen hatte und von dem eingedrungenen Wasser halb aufgelöst war.

»Gott sei Dank, da kommt doch einer unseresgleichen, mit dem man reden kann!«, sagte der Ball und betrachtete den vergoldeten Kreisel. »Ich bin eigentlich von Saffianleder von den Händen einer zarten Jungfrau genäht und habe einen Kork im Leibe, aber das wird mir jetzt wohl niemand mehr ansehen. Ich stand im Begriff, mich mit einer Schwalbe zu verheiraten, allein da fiel ich leider in die Dachrinne, wo ich fünf Jahre gelegen habe und vom Wasser aufgeweicht bin! Das ist freilich eine lange Zeit für ein junges Mädchen!«

Aber der Kreisel sagte nichts, er gedachte seiner alten Braut, und je mehr er hörte, desto klarer wurde es, dass sie es war.

Da kam das Dienstmädchen und wollte das Fass umkehren. »Heisa!«, rief sie. »Da ist der Goldkreisel!«

Der Kreisel kam wieder in die Stube und zu hohen Ehren, aber von dem Balle hörte man nichts weiter. Von seiner alten Liebe sprach der Kreisel nicht wieder. Die geht vorüber, wenn die Geliebte fünf Jahre in einer Dachrinne gelegen hat und aufgeweicht ist, ja, man erkennt sie nie wieder, wenn man ihr in dem Kehrichtfasse begegnet.

Der standhafte Zinnsoldat

Es waren einmal fünfundzwanzig Zinnsoldaten, die alle Brüder waren, da man sie aus einem und demselben alten Zinnlöffel gegossen hatte. Das Gewehr hielten sie im Arm, das Gesicht vorwärts gegen den Feind gerichtet; rot und blau, kurzum, herrlich war die Uniform. Das Allererste, was sie in dieser Welt hörten, nachdem der Deckel von der Schachtel, in der sie lagen, abgenommen wurde, war das Wort: »Zinnsoldaten!« Das rief ein kleiner Knabe und klatschte vor Wonne in die Hände. Er hatte sie zu seinem Geburtstage bekommen und stellte sie nun auf den Tisch in Schlachtordnung auf. Der eine Soldat glich dem anderen auf das genaueste, nur ein einziger war etwas verschieden: Er hatte nur ein Bein, denn da er zuletzt gegossen worden, hatte das Zinn nicht mehr ausgereicht; doch stand er auf seinem einen Beine ebenso fest wie die anderen auf ihren beiden, und gerade er sollte sich durch sein denkwürdiges Schicksal besonders auszeichnen.

Auf dem Tische, wo sie aufgestellt wurden, stand noch viel anderes Spielzeug, aber dasjenige, das am meisten Aufmerksamkeit auf sich zog, war ein hübsches Schloss von Papier. Durch die kleinen Fenster konnte man inwendig in die Säle hineinschauen. Vor demselben standen kleine Bäume, ringsum ein Stück Spiegelglas, das einen See vorstellen sollte. Schwäne von Wachs schwammen auf demselben und spiegelten sich darin. Das war wohl alles niedlich, aber das niedlichste blieb doch ein kleines Mädchen, das mitten in dem offenen Schlossportale stand. Es war ebenfalls aus Papier ausgeschnitten, hatte aber ein seidenes Kleid an und ein kleines, schmales, blaues Band über den Schultern, mitten auf diesem saß ein funkelnder Stern, so groß wie ihr ganzes Gesicht. Das kleine Mädchen streckte ihre beiden Arme anmutig in die Höhe, denn sie war eine Tänzerin, und dann erhob sie das eine Bein so hoch, dass es der Zinnsoldat gar nicht entdecken konnte und dachte, dass sie, wie er, nur ein Bein hätte.

Die passt für mich als Frau!, dachte er, aber sie ist zu vornehm für mich, sie wohnt in einem Schlosse, und ich habe nur eine Schachtel, die ich mit vierundzwanzig teilen muss, das ist keine Wohnung für sie. Doch will ich zusehen, ob ich ihre Bekanntschaft machen kann! Dann legte er sich der Länge nach hinter eine Schnupftabaksdose, die auf dem Tische stand.

Von hier konnte er die kleine feine Dame, die nicht müde wurde, auf einem Bein zu stehen, ohne das Gleichgewicht zu verlieren, genau beobachten. Als es Abend wurde, legte man die übrigen Zinnsoldaten in ihre Schachtel und die Leute im Hause gingen zu Bette. Nun begann das Spielzeug zu spielen, bald »Heut kommt Besuch«, bald »Räuber und Stadtsoldaten« oder »Versteck«. Die Zinnsoldaten rasselten in ihrer Schachtel, weil sie gerne mit dabei gewesen wären, sie vermochten aber den Deckel nicht aufzuheben. Der Nussknacker schlug Purzelbäume und der Griffel fuhr lustig über die Tafel hin. Es entstand ein Lärm, dass der Kanarienvogel aufwachte und seinen Gesang mit hineinschmetterte, aber nur in Versen. Die beiden Einzigen, die sich nicht von der Stelle bewegten, waren der Zinnsoldat und die kleine Tänzerin. Sie stand kerzengerade auf der Zehenspitze und hatte beide Arme erhoben; er war auf seinem einen Beine ebenso standhaft, nicht einen Augenblick wandte er seine Augen von ihr ab.

Jetzt schlug es Mitternacht und klatsch! sprang der Deckel von der Schnupftabaksdose, aber nicht etwa Schnupftabak war darin, nein, sondern ein kleiner schwarzer Kobold; das war ein Kunststück.

»Zinnsoldat!«, sagte der Kobold.

»Du wirst dir noch die Augen aussehen!«

Aber der Zinnsoldat tat, als ob er es nicht hörte.

»Ja, warte nur bis morgen!«, sagte der Kobold.

Als es nun Morgen ward und die Kinder aufstanden, wurde der Zinnsoldat in das offene Fenster gestellt, und war es nun der Kobold oder ein Zugwind, gleichviel, plötzlich flog das Fenster auf, und der Soldat fiel aus dem dritten Stockwerke häuptlings hinunter. Das war ein schrecklicher Sturz, er streckte sein eines Bein gerade in die Luft und blieb auf dem Helme, das Bajonett nach unten, zwischen den Pflastersteinen stecken.

Die Dienstmagd und der kleine Knabe liefen sogleich hinunter, um ihn zu suchen, aber obgleich sie beinahe auf ihn getreten hätten, konnten sie ihn doch nicht erblicken. Hätte der Zinnsoldat gerufen: »Hier bin ich!«, so würden sie ihn gewiss gefunden haben, da er aber in Uniform war, hielt er es nicht für passend, so laut zu schreien.

Nun begann es zu regnen; Tropfen folgte auf Tropfen, bis es ein tüchtiger Platzregen wurde; als er vorüber war, kamen zwei Straßenjungen dorthin.

»Sieh, sieh!«, sagte der eine. »Da liegt ein Zinnsoldat, der muss hinaus und segeln!«

Nun machten sie ein Boot aus Zeitungspapier, setzten den Zinnsoldaten mitten hinein und ließen ihn den Rinnstein hinuntersegeln. Beide Knaben liefen nebenher und klatschten in die Hände. Hilf Himmel, was für Wellen erhoben sich in dem Rinnstein und welch reißender Strom war da! Ja, es musste der Regen stromweise herniedergerauscht sein. Das Papierboot schwankte auf und nieder und bisweilen drehte es sich im Kreise, dass den Zinnsoldaten ein Schauer überlief. Trotzdem blieb er standhaft, verfärbte sich nicht, sah nur vorwärts und behielt das Gewehr im Arm.

Plötzlich trieb das Boot unter eine lange Rinnsteinbrücke, hier herrschte eine gleiche Finsternis wie in seiner Schachtel.

Wo mag ich jetzt nur hinkommen?, dachte er. Ja, ja, das ist des Kobolds Schuld! Ach, säße doch das kleine Mädchen hier im Boote, dann könnte es getrost noch einmal so finster sein!

In diesem Augenblicke erschien eine große Wasserratte, die unter der Rinnsteinbrücke ihre Wohnung hatte.

»Hast du einen Pass?«, fragte die Ratte. »Her mit dem Passe!«

Aber der Zinnsoldat schwieg still und hielt sein Gewehr nur noch fester. Das Boot fuhr weiter und die Ratte hinterher. Hu! Wie sie mit den Zähnen knirschte und den Spänen und dem Stroh zurief: »Haltet ihn auf, haltet ihn auf! Er hat keinen Zoll bezahlt, er hat seinen Pass nicht vorgezeigt!«

Aber die Strömung wurde stärker und stärker; der Zinnsoldat konnte, schon ehe er das Ende des Brettes erreichte, den hellen Tag erblicken, aber er hörte zugleich einen brausenden Ton, der auch eines tapferen Mannes Herz erschrecken konnte. Denkt euch, der Rinnstein stürzte am Ende der Brücke gerade in einen großen Kanal hinab, was ihm gleiche Gefahr bringen musste als uns, einen großen Wasserfall hinunterzusegeln.

Er war jetzt schon so nahe dabei, dass er nicht mehr anzuhalten vermochte. Das Boot fuhr hinab, der arme Zinnsoldat hielt sich, so gut es gehen wollte, aufrecht. Niemand sollte ihm nachsagen können, dass er auch nur mit den Augen geblinkt hätte. Das Boot drehte sich drei-, viermal um sich selbst und füllte sich dabei bis zum Rande mit Wasser, es musste sinken. Der Zinnsoldat stand bis zum Halse im Wasser, und tiefer und tiefer sank das Boot. Mehr und mehr löste sich das Papier auf, jetzt ging das Wasser schon über des Soldaten Haupt – da dachte er an die kleine, niedliche Tänzerin, die er nie mehr erblicken sollte; und es klang vor des Zinnsoldaten Ohren:

»Morgenrot, Morgenrot,
leuchtest mir zum frühen Tod!«

Nun zerriss das Papier, und der Zinnsoldat fiel hindurch, wurde aber in demselben Augenblicke von einem großen Fische verschlungen.

Nein, wie finster war es da drinnen, da war es noch schlimmer als unter der Rinnsteinbrücke und vor allen Dingen sogar eng. Gleichwohl war der Zinnsoldat standhaft und lag, so lang er war, mit dem Gewehre im Arme.

Der Fisch fuhr umher und machte die entsetzlichsten Bewegungen; endlich wurde es ganz still, und wie ein Blitzstrahl fuhr es durch ihn hin. Dann drang ein heller Lichtglanz hinein und jemand rief laut: »Der Zinnsoldat!« Der Fisch war gefangen worden, auf den Markt gebracht, verkauft und in die Küche hinaufgekommen, wo ihn die Magd mit einem großen Messer aufschnitt. Sie fasste den Soldaten mitten um den Leib und trug ihn in die Stube hinein, wo sämtliche einen so merkwürdigen Mann sehen wollten, der im Magen eines Fisches umhergereist war; der Zinnsoldat war jedoch darauf gar nicht stolz. Man stellte ihn auf den Tisch und da – nein, wie wunderlich kann es doch in der Welt zugehen, befand sich der Zinnsoldat in der nämlichen Stube, in der er vorher gewesen war, er sah die nämlichen Kinder, und das nämliche Spielzeug stand auf dem Tische: das herrliche Schloss mit der niedlichen kleinen Tänzerin. Sie hielt sich immer noch auf dem einen Beine und hatte das andere hoch in der Luft, sie war ebenfalls standhaft. Das rührte den Zinnsoldaten so, dass er beinahe Zinn geweint hätte, aber das schickte sich nicht. Er sah sie und sie sah ihn an, aber sie sagten einander nichts.

Plötzlich ergriff der eine der kleinen Knaben den Zinnsoldaten und warf ihn gerade in den Ofen, obwohl er gar keinen Grund dazu hatte. Sicherlich trug der Kobold in der Dose die Schuld daran.

Der Zinnsoldat stand ganz beleuchtet da und fühlte eine erschreckliche Hitze, ob sie aber die Folge des wirklichen Feuers oder seiner übergroßen Liebesglut war, das konnte er nicht unterscheiden. Alle Farbe war von ihm gewichen; ob dies auf der Reise geschehen oder ob es von seinem tiefen Grame herrührte, wusste niemand zu sagen. Er sah das kleine Mädchen an und dies sah ihn an. Er fühlte, dass er schmölze, aber noch stand er standhaft mit dem Gewehre im Arm. Da ging eine Tür auf, der Wind ergriff die Tänzerin, und sie flog wie eine Sylphide ebenfalls gerade in den Kachelofen zum Zinnsoldaten hin, loderte in hellen Flammen auf und war verschwunden. Da schmolz der Zinnsoldat zu einem Klumpen zusammen, und als die Magd am nächsten Tage die Asche herausnahm, fand sie ihn als ein kleines Zinnherz. Von der Tänzerin war dagegen nur der Stern übrig und der war kohlschwarz gebrannt.

Die Störche

Auf dem letzten Hause eines kleinen Dörfchens befand sich ein Storchnest. Die Storchmutter saß im Neste bei ihren vier Jungen, die den Kopf mit dem kleinen schwarzen Schnabel, denn der war noch nicht rot geworden, hervorstreckten. Ein Stückchen davon stand auf dem Dachfirst starr und steif der Storchvater. Er hatte das eine Bein unter sich emporgezogen, um doch auch ein wenig Beschwerde zu haben, während er Schildwache stand. Man hätte meinen können, er wäre aus Holz gedrechselt, so stille stand er. Gewiss sieht es recht vornehm aus, dass meine Frau eine Schildwache bei dem Neste hat!, dachte er. Man kann ja nicht wissen, dass ich ihr Mann bin, man glaubt sicherlich, dass ich hierher kommandiert bin. Es sieht wahrlich nach etwas Großem aus! Und er stand unermüdlich auf einem Beine.

Unten auf der Straße spielte eine Schar Kinder, und als sie die Störche erblickten, sang einer der dreistesten Knaben und allmählich alle zusammen einen Vers aus einem alten Storchliede, so gut sie sich dessen erinnern konnten:

Störchlein, Störchlein, fliege,
damit ich dich nicht kriege,
deine Frau, die liegt im Neste dein
bei deinen lieben Kindelein.
Das eine wird gepfählt,
das andere wird abgekehlt,
das dritte wird verbrannt,
das vierte dir entwandt!

»Höre nur, was die Jungen singen!«, sagten die kleinen Storchkinder. »Sie sagen, wir sollen gebraten und verbrannt werden!«

»Daraus braucht ihr euch nichts zu machen!«, sagte die Storchmutter. »Hört gar nicht danach hin, es geschieht euch nichts!«

Aber die Knaben wiederholten es immer von neuem und wiesen mit Fingern nach dem Storche. Nur ein Knabe, Peter mit Namen, sagte, es wäre eine Sünde und Schande, sich über die Tiere lustig zu machen, und nahm an ihrem Unfug nicht teil. Die Storchmutter tröstete ihre Kinder: »Kümmert euch doch nicht darum!«, sagte sie. »Seht nur, wie ruhig und unbekümmert euer Vater dasteht, und zwar auf einem Beine!«

»Uns ist so bange!«, sagten die Jungen und zogen ihre Köpfe in das Nest zurück.

Als am nächsten Tage die Kinder wieder zum Spielen zusammenkamen und die Störche erblickten, begannen sie wieder ihr altes Lied:

»Das eine wird gepfählt, das andere wird abgekehlt.«

»Werden wir wohl gepfählt und verbrannt?«, fragten die Storchkinder.

»Nein, sicher nicht!«, erwiderte die Mutter. »Ihr sollt fliegen lernen, ich werde euch schon einüben! Dann geht es hinaus auf die Wiese und auf Besuch zu den Fröschen. Die verneigen sich vor uns im Wasser, singen: Koax, koax!, und dann essen wir sie auf. Das soll eine wahre Lust werden!«

»Und was dann?«, fragten die Storchkinder.

»Dann versammeln sich alle Störche, die hier im Lande wohnen, und darauf beginnt die große Herbstübung. Da muss man gut fliegen, das ist von großer Wichtigkeit, denn wer nicht fliegen kann, wird von dem General mit seinem Schnabel totgestochen. Lernt deshalb ja fliegen, wenn der Unterricht beginnt!«

»Dann werden wir ja aber doch gepfählt, wie die Knaben behaupteten, und höre nur, jetzt sagen sie es schon wieder!«

»Hört auf mich und nicht auf sie!«, sagte die Storchmutter. »Nach der großen Übung fliegen wir nach den warmen Ländern, weit fort von hier, über Berge und Wälder. Nach Ägypten fliegen wir, wo es dreieckige Steinhäuser gibt, die in einer Spitze zusammenlaufen und bis über die Wolken ragen. Sie heißen Pyramiden und sind älter als ein Storch sich vorstellen kann. Da ist auch ein Fluss, der aus seinen Ufern tritt und das ganze Land mit Schlamm überzieht. Man geht im Schlamm und isst Frösche.«

»Oh!«, riefen alle Jungen.

»Ja, da ist es wunderbar schön! Man tut den ganzen Tag nichts anderes als essen. Und während wir es so gut haben, ist hierzulande nicht ein grünes Blatt auf den Bäumen. Hier ist es so kalt, dass die Wolken in Stücke gefrieren und in kleinen weißen Läppchen herniederfallen!«

Es war der Schnee, den sie meinte, aber nicht deutlicher zu erklären vermochte.

»Zerfrieren denn auch die unartigen Knaben in lauter Stücke?«, fragten die Storchkinder.

»Nein, in Stücke zerfrieren sie nicht, aber es fehlt nicht viel daran, und sie müssen in der dunklen Stube und hinter dem Ofen sitzen. Ihr dagegen könnt in fremden Ländern umherfliegen, wo es Blumen gibt und warmer Sonnenschein herrscht!«

Inzwischen war schon einige Zeit verstrichen, und die Jungen waren so groß, dass sie im Neste aufrecht stehen und sich weit umschauen

konnten. Der Storchvater kam jeden Tag mit wohlschmeckenden Fröschen, kleinen Schlangen und allen auffindbaren Storchleckereien geflogen. Und wie lustige Kunststücke machte er ihnen vor! Den Kopf verstand er gerade auf den Schwanz zu legen, mit dem Schnabel klapperte er, als wäre derselbe eine Knarre, und dann erzählte er ihnen Geschichten, allesamt vom Sumpfe.

»Hört, nun müsst ihr fliegen lernen!«, sagte eines Tages die Storchmutter, und dann mussten alle vier Junge auf den Dachfirst hinaus. Oh, wie sie schwankten! Wie sie suchten, sich mit den Flügeln im Gleichgewicht zu erhalten und doch nahe daran waren, hinunterzufallen.

»Seht nun auf mich!«, sagte die Mutter. »So müsst ihr den Kopf halten! So müsst ihr die Beine setzen! Eins, zwei! Eins, zwei! Das wird euch in der Welt vorwärts bringen!« Darauf flog sie eine kurze Strecke und die Jungen machten einen kleinen, plumpen Satz. Bums! Da lagen sie, denn sie waren noch zu schwerfällig.

»Ich will nicht fliegen!«, sagte das eine Junge und kroch wieder in das Nest hinein. »Ich mache mir nichts daraus, nach den warmen Ländern zu kommen.«

»So willst du also hier im Winter erfrieren? Sollen etwa die Knaben kommen und dich pfählen, abkehlen und verbrennen? Dann will ich sie rufen!«

»O nein!«, sagte das Storchkind und hüpfte dann wieder auf das Dach zu den anderen. Den dritten Tag konnten sie schon ordentlich ein wenig fliegen, und nun meinten sie auch in der Luft schweben zu können. Das wollten sie – aber bums! Da plumpsten sie nieder und mussten schnell wieder ihre Flügel in Bewegung setzen.

Nun liefen die Knaben auf der Straße zusammen und sangen ihr Lied: »Störchlein, Störchlein, fliege!«

»Sollen wir hinfliegen und ihnen die Augen aushacken?«, fragten die Jungen.

»Nein, lasst das hübsch bleiben!«, sagte die Mutter. »Hört nur auf mich, das ist weit wichtiger.

Eins, zwei, drei! Nun fliegen wir rechts herum! Eins, zwei, drei! Nun links um den Schornstein! Seht, das war sehr gut! Der letzte Flügelschlag war so hübsch und richtig, dass ihr Erlaubnis bekommen sollt, morgen mit mir in den Sumpf zu kommen. Dort kommen mehrere nette Storchfamilien mit ihren Kindern zusammen. Beweist mir nun, dass meine die wohlgezogensten sind, und haltet euch recht gerade, das sieht gut aus und gibt ein gewisses Ansehen!«

»Aber sollen wir denn an den unartigen Knaben keine Rache nehmen?«, fragten die Storchjungen.

»Lasst sie schreien, was sie wollen! Ihr erhebt euch doch zu den Wolken und kommt nach dem Lande der Pyramiden, während sie frieren müssen und kein grünes Blatt noch einen süßen Apfel haben!«

»Ja, wir wollen uns rächen!« Flüsterten sie einander zu, und dann wurde wieder fleißig geübt.

Von allen Knaben auf der Gasse war keiner ärger, das Spottlied zu singen, als gerade der, welcher es zuerst angestimmt hatte, und das

war ein ganz kleiner Bursche, denn er zählte sicher nicht mehr als sechs Jahre. Die Storchkinder meinten freilich, er wäre hundert Jahre, weil er so viel größer als ihre Mutter und ihr Vater war. Was wussten sie davon, wie alt kleine und große Kinder sein können. Ihre ganze Rache sollte sich über diesen Knaben ergießen; er hatte ja mit dem Liede den Anfang gemacht und war dessen noch nicht müde geworden. Die jungen Störche waren sehr aufgebracht, und je größer sie wurden, desto weniger wollten sie es leiden. Die Mutter musste ihnen zuletzt versprechen, dass sie ihnen Rache verschaffen wollte, aber erst am letzten Tage ihres Aufenthalts im hiesigen Lande sollte sie vollzogen werden.

»Wir müssen doch erst sehen, wie ihr euch bei der großen Übung bewähren werdet! Macht ihr eure Sache schlecht, sodass der General euch den Schnabel in die Brust bohren muss, dann haben die Knaben ja Recht, wenigstens in einer Hinsicht! Lasst uns also erst sehen!«

»Ja, das sollst du!«, sagten die Jungen, und gaben sich deshalb gerade recht viel Mühe. Sie übten sich jeden Tag und flogen so niedlich und leicht, dass es eine wahre Lust war.

Nun kam der Herbst. Alle Störche versammelten sich allmählich, um gegen Winter nach den warmen Ländern zu fliegen. Was für eine Übung ging voraus! Über Wälder und Städte mussten sie, nur um zu sehen, wie gut sie fliegen könnten, denn es war ja eine große Reise, die bevorstand. Unsere jungen Störche machten ihre Sache so hübsch, dass sie die Zensur »Ausgezeichnet gut mit Frosch und Schlange« erhielten. Das war das allerbeste Zeugnis und den Frosch und die Schlange durften sie essen, und taten es auch.

»Nun müssen wir uns rächen!«, sagten sie.

»Jawohl!« sagte die Storchmutter. »Was ich mir ausgedacht habe, das ist gerade das Richtige! Ich weiß, wo der Teich ist, in dem alle die kleinen Menschenkinder liegen, bis der Storch kommt und sie ihren Eltern bringt. Die niedlichen kleinen Kinder schlafen und träumen so süß, wie sie nachher nie mehr träumen. Alle Eltern wollen gern so ein kleines Kind haben, und alle Kinder wollen eine Schwester oder einen Bruder haben. Nun wollen wir nach dem Teiche hinfliegen und für jedes der Kinder eins holen, welche das arge Lied nicht gesungen und sich über die Störche nicht lustig gemacht haben.«

»Aber jener schlimme, hässliche Junge, der es zu singen angefangen hat, was machen wir mit ihm?«

»Im Teiche dort liegt ein kleines, totes Kind, das sich tot geträumt hat. Das wollen wir zu ihm hintragen, dann muss er weinen, weil wir ihm ein totes Brüderchen gebracht haben. Allein dem guten Knaben, den ihr gewiss noch nicht vergessen habt, dem, der meinte: Es ist eine Sünde und Schande, sich über die Tiere lustig zu machen, dem wollen wir sowohl ein Brüderlein als auch ein Schwesterlein bringen, und da der Knabe Peter heißt, so sollt ihr sämtlich Peter gerufen werden!«

Und wie sie es gesagt hatte, geschah es. Seitdem hießen alle Störche Peter und werden noch heute so genannt.

Däumelieschen

Es war einmal eine Frau, die gar zu gern ein kleines Kind haben wollte, aber sie wusste gar nicht, wo sie es herbekommen sollte. Da ging sie zu einer alten Hexe und sagte zu ihr: »Ich möchte doch gar zu gern ein kleines Kind haben; kannst du mir nicht sagen, wo ich eins herbekommen soll?«

»O ja, das soll nicht schwer halten!«, sagte die Hexe. »Da hast du ein Gerstenkorn; das ist nicht etwa von der Art, wie es auf einem Bauernfelde wächst oder womit die Hühner gefüttert werden. Lege es in einen Blumentopf, dann wirst du etwas zu sehen bekommen!«

»Besten Dank!«, sagte die Frau und gab der Hexe ein Silberstück, ging dann heim, pflanzte das Gerstenkorn, und sogleich wuchs eine große herrliche Blume hervor, die vollkommen einer Tulpe glich, aber die Blätter schlossen sich fest zusammen, als ob sie noch in der Knospe wären.

»Das ist eine schöne Blume!«, sagte die Frau und küsste sie auf die herrlichen roten und gelben Blätter, aber wie sie sie noch küsste, tat die Blume einen großen Knall und öffnete sich. Es war, wie man nun sehen konnte, eine wirkliche Tulpe, aber mitten in der Blüte, auf dem grünen Blumengriffel, saß ein winzig kleines Mädchen, fein und lieblich. Sie war nicht größer als ein Daumen, und deswegen wurde sie Däumelieschen genannt.

Eine prächtige, lackierte Walnussschale erhielt sie zur Wiege, blaue Veilchenblätter waren ihre Matratze und ein Rosenblatt ihr Deckbett. Darin schlief sie des Nachts, aber am Tage spielte sie auf dem Tische. Die Frau hatte einen Teller darauf gestellt, um den sie einen ganzen Kranz Blumen gelegt hatte, deren Stängel in das Wasser reichten. Hier schwamm ein großes Tulpenblatt und auf diesem durfte Däumelieschen sitzen und von der einen Seite des Tellers bis zur anderen schwimmen. Zum Rudern hatte sie zwei weiße Pferdehaare. Das sah unbeschreiblich niedlich aus. Sie konnte auch singen, oh so fein und lieblich, wie man nie zuvor gehört hatte.

Eines Nachts, als sie in ihrem hübschen Bettchen lag, kam durch das Fenster, in dem eine Scheibe zerbrochen war, eine hässliche Kröte hereingehüpft. Die Kröte war entsetzlich garstig, groß und nass; sie hüpfte gerade auf den Tisch hernieder, wo Däumelieschen lag und unter dem roten Rosenblatte schlief.

»Das wäre eine schöne Frau für meinen Sohn!«, sagte die Kröte, und dann ergriff sie die Walnussschale, in der Däumelieschen schlief, und hüpfte mit ihr durch die Scheibe in den Garten hinunter.

Da floss ein großer, breiter Bach, aber dicht am Ufer war es sumpfig und morastig, hier wohnte die Kröte mit ihrem Sohne. Hu, der war ebenso garstig und hässlich, das ganze Ebenbild seiner Mutter. »Koax, koax, breckekekex!« war alles, was er sagen konnte, als er das hübsche kleine Mädchen sah.

»Schwatz nicht so laut, sonst wacht sie auf!«, sagte die alte Kröte. »Sie könnte uns sonst noch entlaufen, denn sie ist so leicht wie ein Eiderflaum! Wir wollen sie in den Bach hinaus auf eins der breiten Wasserlilienblätter setzen, das ist für sie, die so leicht und klein ist, wie eine Insel. Da kann sie nicht entlaufen, während wir den Festsaal unten tief unter dem Sumpfe, wo ihr wohnen und leben sollt, instand setzen.«

Nach der Mitte des Baches zu wuchsen gar viele Wasserlilien mit ihren breiten, grünen Blättern. Sie gewährten einen Anblick, als ob sie auf dem Wasser schwämmen. Das Blatt, das am weitesten hinausragte, war auch das allergrößte. Zu ihm schwamm die alte Kröte hinaus und setzte die Walnussschale mit Däumelieschen darauf.

Das arme kleine Mädchen erwachte beim ersten Morgengrauen, und da es wahrnahm, wo es war, fing es gar bitterlich an zu weinen, denn Wasser umgab von allen Seiten das große grüne Blatt; es war ihr unmöglich, an das Land zu kommen.

Die alte Kröte saß unten im Sumpfe und schmückte ihr Zimmer mit Schilf und gelben Wasserlilien, denn für die neue Schwiegertochter sollte alles auf das feinste hergerichtet werden. Darauf schwamm sie mit dem garstigen Sohne zu dem Blatte hinaus, wo Däumelieschen stand. Sie wollten ihr niedliches Bett holen, welches in das Brautgemach gesetzt werden sollte, ehe sie selbst dessen Schwelle übertrat.

Die alte Kröte verneigte sich vor ihr bis tief ins Wasser hinein und sagte: »Hier stell ich dir meinen Sohn vor, der dein Mann sein soll. Ihr werdet unten im Sumpfe ganz prächtig wohnen.«

»Koax, koax, breckekekex!« war alles, was der Sohn sagen konnte.

Nun nahmen sie das stattliche kleine Bett und schwammen damit fort; Däumelieschen aber saß ganz allein und weinte heiße Tränen auf das grüne Blatt hinab, denn sie wollte weder bei der hässlichen Kröte wohnen noch ihren hässlichen Sohn zum Manne haben. Die kleinen Fische, die unten im Wasser schwammen, hatten die Kröte recht wohl gesehen und gehört, was sie sagte. Sie streckten deshalb alle die Köpfe in die Höhe, sie wollten doch auch das kleine Mädchen sehen. Kaum hatten sie es gesehen, so fanden sie dieselbe so allerliebst, dass es ihnen Leid tat, dass sie zur hässlichen Kröte hinunter sollte. Nein, das durfte nie geschehen! Sie versammelten sich unten im Wasser, rings um den grünen Stängel, der das Blatt hielt, worauf es stand, nagten mit den Zähnen den Stiel ab, und nun schwamm das Blatt mit Däumelieschen hinab, weit, weit fort, wohin die Kröte nicht gelangen konnte.

Däumelieschen segelte an gar vielen Städten vorüber, und die kleinen Vögel saßen in den Büschen, sahen sie und sangen: »Welch niedliches kleines Mädchen!« Weiter und immer weiter schwamm das Blatt mit ihr; so reiste denn Däumelieschen ins Ausland.

Ein allerliebster kleiner weißer Schmetterling wurde nicht müde, sie zu umflattern, und schwebte endlich auf das Blatt hernieder, denn er konnte Däumelieschen gar wohl leiden. Diese war hoch erfreut, denn die Kröte konnte sie jetzt nicht mehr erreichen, und es war so köstlich, wo sie segelte. Die Sonne schien auf das Wasser, und dieses glänzte wie schimmerndes Gold. Da nahm sie ihren Gürtel, schlang das eine Ende desselben um den Schmetterling und befestigte das andere am Blatte. Das glitt jetzt weit schneller das Wasser hinunter und sie mit, denn sie stand ja auf dem Blatte.

Plötzlich kam ein großer Maikäfer angeflogen, der sie gewahrte und augenblicklich seine Klauen um ihren schlanken Leib schlug und mit ihr auf einen Baum flog. Aber das grüne Blatt schwamm den Bach hinab, und der Schmetterling flog mit, denn er war an das Blatt gebunden und konnte sich auch nicht befreien.

Gott, wie sehr erschrak das arme Däumelieschen, als der Maikäfer mit ihr auf den Baum hinaufflog! Am meisten betrübte sie jedoch der Gedanke an den schönen weißen Schmetterling, den sie an das Blatt gebunden hatte. Konnte er nicht loskommen, musste er ja rettungslos verhungern. Aber das rührte den Maikäfer durchaus nicht. Er setzte sich mit ihr auf das größte grüne Blatt des Baumes, speiste sie mit dem Blütenhonig und sagte, sie wäre sehr schön, obgleich sie einem Maikäfer in keinem Stücke ähnelte. Später kamen alle die anderen Maikäfer, die den Baum bewohnten, zu Besuch; sie beguckten Däumelieschen von allen Seiten, und die Maikäferfräulein rümpften die Fühlhörner und sagten: »Sie hat ja nur zwei Füße; das sieht doch zu jämmerlich aus!« – »Sie hat keine Fühlhörner!«, spotteten andere. – »Wie schlank sie um die Hüften ist! Pfui, sie sieht einem Menschen sprechend ähnlich! Wie hässlich sie ist!«, sagten alle Maikäferfrauen, und trotzdem war Däumelieschen so schön. So kam sie auch dem Maikäfer vor, der sie entführt hatte, da aber alle anderen darin übereinstimmten, sie wäre hässlich, so glaubte er es zuletzt ebenfalls und wollte sie nun gar nicht haben; sie konnte gehen, wohin sie wollte. Sie flogen mit ihr vom Baume hinunter und setzten sie auf ein Gänseblümchen. Da weinte sie, weil sie so hässlich wäre, dass sie nicht einmal die Maikäfer unter sich dulden wollten, und doch war sie über alle Vorstellung schön, fein und klar, wie das herrlichste Rosenblatt.

Während des ganzen Sommers lebte Däumelieschen ganz allein in dem großen Walde. Sie flocht sich ein Bett aus Grashalmen und hing es unter einem großen Klettenblatte auf, sodass sie gegen den Regen geschützt war. Blütenhonig war ihre Speise, und ihren Durst stillte sie an dem Tau, der morgens auf den Blättern stand. So verstrich Sommer und Herbst, aber nun kam der Winter, der kalte, lange Winter. Alle Vögel, die ihr so schön vorgesungen hatten, flogen ihrer Wege, die Bäume und Blumen welkten dahin; das große Klettenblatt, unter dem sie gewohnt hatte, schrumpfte zusammen, und es blieb nur ein gelber vertrockneter Stängel. Sie fror bitterlich, ihre Kleider waren zerrissen, und sie selbst war gar fein und klein, das arme Däumelieschen musste erfrieren. Es begann zu schneien und jede Schneeflocke, die auf sie fiel, tat dieselbe Wirkung, als wenn man auf uns eine ganze Schaufel voll wirft, denn wir sind groß, sie aber war nur einen Daumen lang.

Da hüllte sie sich in ein verwelktes Blatt, aber das erwärmte sie nicht, sie zitterte vor Kälte.

Hart am Saume des Waldes, wohin sie jetzt gelangt war, lag ein großes Kornfeld, allein das Korn war längst eingeerntet, nur die nackten, trockenen Stoppeln ragten aus der gefrornen Erde hervor. Ihr kamen sie wie ein großer Wald vor, den sie zu durchwandern hatte, und sie klapperte nur so vor Kälte. Da kam sie vor die Tür der Feldmaus. Ihr ganzes Reich bestand in einer kleinen Höhle unter den Kornstoppeln. Dort wohnte die Feldmaus geschützt und behaglich, hatte die ganze Stube voll Korn und eine prächtige Küche und Speisekammer. Das arme Däumelieschen stellte sich an die Tür, gerade wie jedes andere arme Bettelmädchen, und bat um ein kleines Stückchen Gerstenkorn, denn sie hatte seit zwei Tagen nicht das Geringste zu essen bekommen.

»Du arme Kleine!«, sagte die Feldmaus, denn es war im Grunde genommen eine gute, alte Feldmaus. »Komm in meine warme Stube herein und iss mit mir!«

Da sie nun Gefallen an Däumelieschen fand, sagte sie: »Du kannst getrost den Winter über bei mir bleiben, aber du musst mir die Stube hübsch sauber halten und mir Geschichten erzählen, denn das ist meine Lust!« Däumelieschen tat, was die gute alte Feldmaus verlangte, und hatte es ganz vortrefflich bei ihr.

»Nun bekommen wir gewiss bald Besuch!«, sagte die Feldmaus. »Mein Nachbar pflegt mich täglich zu besuchen. Der hat noch mehr vor sich gebracht als ich, hat große Säle und geht in einem herrlichen, schwarzen Samtpelze einher. Könntest du den zum Manne bekommen, dann wärest du gut versorgt. Er kann aber nicht sehen. Du musst ihm die allerschönsten Geschichten erzählen, die du weißt!«

Aber darum kümmerte sich Däumelieschen nicht, sie mochte den Nachbar gar nicht haben, denn er war ein Maulwurf. Er kam und machte in seinem schwarzen Samtpelze seine Aufwartung. Er wäre sehr reich und sehr gelehrt, sagte die Feldmaus. Seine Wohnung war auch in der Tat zwanzigmal größer als die der Feldmaus, und Gelehrsamkeit besaß er, aber die Sonne und die herrlichen Blumen konnte er gar nicht leiden, über sie wusste er nur Schlimmes zu erzählen, weil er sie nie gesehen hatte. Däumelieschen musste singen und sie sang sowohl: »Maikäfer, fliege!« als auch: »Der Pfarrer geht ins Heu!« Wegen ihrer schönen Stimme verliebte sich der Maulwurf in sie, sagte aber noch nichts; oh, er war ein sehr besonnener Mann!

Er hatte sich vor kurzem einen langen Gang von seinem bis zu ihrem Hause durch die Erde gegraben; in ihm durfte die Feldmaus und Däumelieschen mit seiner Erlaubnis nach Herzenslust spazieren. Er bat sie aber, sich nicht vor dem toten Vogel zu erschrecken, der im Gange läge. Es war ein ganzer Vogel mit Federn und Schnabel, der erst ganz kürzlich beim Beginn des Winters gestorben sein konnte und nun gerade da begraben war, wo er seinen Gang angelegt hatte.

Der Maulwurf nahm ein faules Stück Holz in das Maul, weil es im Dunkeln wie Feuer schimmert, ging dann voran und leuchtete ihnen in dem langen, finsteren Gange. Als sie zu der Stelle gelangten, wo der tote Vogel lag, drückte der Maulwurf mit seiner breiten Nase gegen das Gewölbe und stieß die Erde auf, sodass ein großes Loch entstand, durch welches das Licht hereinschimmerte. Mitten auf dem Boden lag eine tote Schwalbe, die schönen Flügel fest an die Seite gedrückt, die Beine und den Kopf unter die Federn gezogen. Der arme Vogel war sicher vor Kälte gestorben. Däumelieschen hatte inniges Mitleid mit ihr, sie liebte alle die kleinen Vögel, hatten sie ihr

doch den ganzen Sommer hindurch so schön etwas vorgesungen und vorgezwitschert, aber der Maulwurf stieß ihn mit seinen kurzen Beinen und sagte: »Nun pfeift er nicht mehr! Es muss doch jämmerlich sein, als kleiner Vogel geboren zu werden! Gott sei Lob, dass es keines meiner Kinder wird. Außer seinem ›Quivit‹ hat ja ein solcher Vogel durchaus nichts und muss im Winter elendiglich verhungern!«

»Ja, das könnt Ihr als ein vernünftiger Mann wohl sagen!«, entgegnete die Feldmaus. »Was hat ein Vogel für all sein Quivit, wenn der Winter kommt? Er muss hungern und frieren, doch das wird wohl etwas vorstellen sollen.«

Däumelieschen sagte nichts, als aber die beiden anderen dem Vogel den Rücken wandten, neigte sie sich hinab, schob die Federn, die über seinem Kopfe lagen, zur Seite und küsste ihn auf die geschlossenen Augen. Vielleicht war er es, der mir im Sommer so schön etwas vorsang, dachte sie, wie viel Freude hat er mir verschafft, der liebe, schöne Vogel.

Der Maulwurf stopfte nun das Loch, durch welches das Tageslicht hineinschien, wieder zu und begleitete die Damen nach Hause. Aber in der Nacht konnte Däumelieschen schlechterdings nicht schlafen. Da erhob sie sich von ihrem Bette und flocht aus Heu einen großen, schönen Teppich, trug ihn hinunter, breitete ihn über den toten Vogel aus und legte weiche Baumwolle, die sie im Zimmer der Feldmaus gefunden hatte, dem Vogel zur Seite, damit er warm liegen möchte in der kalten Erde.

»Lebe wohl, du schöner lieber Vogel!«, sagte sie. »Lebe wohl und Dank für deinen herrlichen Gesang im Sommer, als alle Bäume grün waren und die Sonne auf uns so warm herniederschien!« Dann legte sie ihr Köpfchen an des Vogels Brust, fuhr aber sogleich erschrocken zusammen, denn es war fast, als ob etwas in derselben klopfte. Das war des Vogels Herz. Der Vogel war nicht tot, er lag nur in Betäubung, war jetzt erwärmt worden und bekam wieder Leben.

Im Herbste fliegen alle Schwalben nach den warmen Ländern, verspätet sich aber eine, so friert sie so, dass sie wie tot zur Erde fällt und liegen bleibt, wohin sie fällt, und der kalte Schnee seine Decke über sie breitet. Däumelieschen schauderte ordentlich, so war sie erschreckt worden, denn der Vogel war ihr gegenüber, die kaum Daumeslänge hatte, ja so erschrecklich groß, aber sie fasste doch wieder Mut, legte die Baumwolle dichter um die Schwalbe und holte ein Krauseminzblatt, dessen sie sich selbst als Deckbettes bedient hatte, und legte es über den Kopf des Vogels.

In der nächsten Nacht schlich sie sich wieder zu ihm hinunter und nun war er lebendig, aber so matt, dass er nur einen kurzen Augenblick seine Augen zu öffnen und Däumelieschen anzusehen vermochte, die, weil sie kein anderes Lämpchen haben konnte, mit einem Stückchen faulen Holzes in der Hand neben ihm stand.

»Herzlichen Dank, du niedliches kleines Kind!«, sagte die kranke Schwalbe zu ihr. »Ich bin vortrefflich erwärmt! Bald erhalte ich meine Kräfte wieder und kann dann draußen im warmen Sonnenschein umherfliegen.«

»Ach!«, sagte sie. »Es ist draußen gar kalt, es schneit und friert! Bleib du in deinem warmen Bettchen, ich werde dich schon pflegen!«

Darauf brachte sie der Schwalbe Wasser in einem Blumenblatte, und diese trank und erzählte ihr, wie sie sich an einem Dornbusche ihren einen Flügel verletzt hätte, was sie verhinderte, so schnell wie die anderen Schwalben zu fliegen, als dieselben weit, weit fort nach den warmen Ländern flogen. Endlich war sie auf die Erde gefallen, aber an Weiteres konnte sie sich nicht mehr erinnern, und sie war völlig unwissend darüber, wie sie hierher gekommen war.

Den ganzen Winter blieb sie nun da unten, und Däumelieschen nahm sich ihrer auf das beste an und hatte sie lieb. Weder der Maulwurf noch die Feldmaus erfuhr das Geringste davon, weil sie die arme Schwalbe nicht mochten.

Sobald der Frühling kam und die Sonne die Erde erwärmte, sagte die Schwalbe Däumelieschen Lebewohl, die nun das Loch öffnete, welches der Maulwurf in der Decke gemacht hatte. Die Sonne schien herrlich auf sie hernieder, und die Schwalbe fragte, ob sie sie begleiten wollte, sie könnte auf ihrem Rücken sitzen, und dann wollten sie weit hinaus in den grünen Wald fliegen. Aber Däumelieschen wusste, dass es die alte Feldmaus betrüben würde, wenn sie sie auf solche Art verließ.

»Nein, ich kann nicht!«, sagte Däumelieschen.

»Lebe wohl, lebe wohl, du gutes, schönes Mädchen!«, sagte die Schwalbe und flog hinaus in den Sonnenschein. Däumelieschen sah ihr nach, und die Tränen traten ihr in die Augen, denn sie hatte die Schwalbe gar lieb.

»Quivit, quivit!«, sang der Vogel und flog hinein in den grünen Wald.

Däumelieschen war sehr betrübt. Sie erhielt nie Erlaubnis, in den warmen Sonnenschein hinauszugehen. Das Korn, das auf dem Acker über dem Hause der Feldmaus ausgesät war, wuchs auch hoch in die

Luft empor; für das arme kleine Mädchen, das kaum Daumeslänge hatte, war es ein völlig undurchdringlicher Wald.

»Während des Sommers sollst du nun an deiner Aussteuer nähen!«, sagte die Feldmaus zu ihr, denn nun hatte der Nachbar, der langweilige Maulwurf in dem schwarzen Samtpelze, sich um sie beworben. »Du sollst sowohl Wollen- wie Leinenzeug haben. Ich will dir Tisch- und Bettzeug mitgeben, wenn du nun die Frau des Maulwurfs wirst!«

Däumelieschen musste nun die Spindel drehen, und die Feldmaus nahm vier Spinnen in Lohn, die Tag und Nacht spinnen und weben mussten. Jeden Abend kam der Maulwurf auf Besuch und sprach nur immer davon, dass, wenn der Sommer vergangen, die Sonne nicht mehr so warm scheinen würde – jetzt brannte sie ja die Erde fest wie einen Stein – ja, wenn der Sommer endlich vorbei wäre, dann wollte er mit Däumelieschen Hochzeit feiern. Sie war aber gar nicht vergnügt, denn sie hatte den langweiligen Maulwurf keineswegs lieb. Jeden Morgen, wenn die Sonne aufging, und jeden Abend, wenn sie unterging, schlich sie sich zur Tür hinaus, und sobald der Wind die Kornähren auseinander wehte, dass sie den blauen Himmel sehen konnte, dachte sie daran, wie hell und schön es hier draußen wäre, und wünschte so sehr, die liebe Schwalbe wiederzusehen; aber die kam nie wieder, die war gewiss weit fort in den schönen grünen Wald geflogen.

Als es nun Herbst wurde, hatte Däumelieschen ihre ganze Aussteuer fertig.

»In vier Wochen sollst du Hochzeit halten!«, sagte die Feldmaus zu ihr.

Aber Däumelieschen weinte und sagte, sie wollte den langweiligen Maulwurf nicht haben.

»Schnickschnack!«, sagte die Feldmaus. »Sei nur nicht widerspenstig, sonst muss ich dich mit meinen weißen Zähnen beißen. Es ist ja ein ganz vortrefflicher Mann, den du erhältst. Solchen schwarzen Samtpelz hat selbst die Königin nicht. Seine Küche und sein Keller sind wohl bestellt. Sage du Gott Dank für ihn!«

Nun sollte Hochzeit sein. Der Maulwurf war schon gekommen, Däumelieschen zu holen. Sie sollte bei ihm tief unten unter der Erde wohnen, sollte nie in die warme Sonne hinauskommen, weil er sie nicht ausstehen konnte. Das arme Kind war sehr betrübt, sie sollte nun der schönen Sonne Lebewohl sagen, die sie bei der Feldmaus doch wenigstens von der Tür aus hatte sehen dürfen.

»Lebe wohl, du klarer Sonnenstrahl!«, sagte sie und streckte die Ärmchen hoch empor und ging auch eine kurze Strecke vom Hause der Feldmaus fort, denn nun war das Korn geerntet, und nur die dürren Stoppeln standen noch da. »Lebe wohl, lebe wohl!«, sagte sie und schlang ihre Ärmchen um eine kleine rote Blume, die daneben stand. »Grüße die liebe Schwalbe von mir, wenn du sie zu sehen bekommst!«

»Quivit, quivit!«, ertönte es in demselben Augenblicke über ihrem Kopfe. Sie blickte auf, es war die Schwalbe, die gerade vorüberflog. Sobald sie Däumelieschen gewahrte, wurde sie sehr froh. Sie erzählte derselben, wie ungern sie den garstigen Maulwurf zum Manne nähme und dass sie nun tief unter der Erde wohnen sollte, wo das Sonnenlicht nie hineinschiene. Sie konnte ihrer Tränen dabei sich nicht erwehren.

»Nun kommt der kalte Winter«, sagte die Schwalbe, »ich fliege mit nach den warmen Ländern fort. Willst du mich begleiten? Du kannst auf meinem Rücken sitzen! Binde dich nur mit deinem Gürtel fest, dann fliegen wir fort von dem garstigen Maulwurf und seiner finstern Stube, weit fort über die Berge nach den warmen Ländern, wo die Sonne schöner scheint als hier, wo es immer Sommer ist, wo immer schöne Blumen blühen. Fliege nur mit mir, du süßes, kleines Däumelieschen, die du mir das Leben gerettet hast, als ich erfroren in dem finstern Schoße der Erde lag!«

»Ja, ich ziehe mit dir«, sagte Däumelieschen und setzte sich auf des Vogels Rücken, mit den Füßen auf seine ausgebreiteten Flügel, band ihren Gürtel an einer der stärksten Federn fest, und nun erhob sich die Schwalbe hoch in die Lüfte, über Wälder und Seen, hoch hinauf über die großen Gebirge, wo immer Schnee liegt. Däumelieschen fror in der kalten Luft, verbarg sich aber unter den warmen Federn des Vogels und hielt nur das Köpfchen hervor, um die herrliche Gegend unter sich zu betrachten.

Endlich kamen sie nach den warmen Ländern. Dort schien die Sonne weit heller als hier, der Himmel war doppelt so hoch, und an Gräben und Hecken wuchsen die herrlichsten grünen und blauen Weintrauben. In den Wäldern hingen Zitronen und Apfelsinen, Myrten und Krauseminze erfüllten alles mit ihrem Duft, und auf den Landstraßen sprangen die hübschesten Kinder und spielten mit großen, bunten Schmetterlingen. Aber die Schwalbe flog immer noch weiter, und es wurde schöner und schöner. Unter den prachtvollsten grünen Bäumen an dem blauen See stand seit alten

Zeiten ein weißes Marmorschloss. Weinreben rankten sich um hohe Säulen, an der äußersten Spitze waren viele Schwalbennester und in einem derselben wohnte die Schwalbe, welche Däumelieschen trug.

»Hier ist mein Haus!«, sagte die Schwalbe. »Suche du dir aber selbst eine der prächtigsten Blumen aus, die da unten wachsen, und ich will dich dann hinaufsetzen, und dein Los wird so glücklich sein, als du nur irgend wünschen kannst!«

»O wie herrlich!«, sagte sie und klatschte in die kleinen Händchen.

Da lag eine große, weiße Marmorsäule, die zur Erde gesunken und in drei Stücke zerborsten war, zwischen ihnen aber wuchsen die schönsten großen, weißen Blumen. Die Schwalbe flog mit Däumelieschen hinunter und setzte sie auf eines der breiten Blätter. Aber wer malt ihr Erstaunen: Mitten in der Blume saß ein kleiner Mann, so weiß und durchsichtig, wie wenn er von Glas wäre. Die niedlichste goldene Krone hatte er auf dem Kopfe und die prächtigsten hellen Flügel an den Schultern. Er selbst war nicht größer als Däumelieschen. Es war der Engel der Blumen. In jeder Blume wohnte so ein kleiner Mann oder eine Frau, dieser aber war der König über alle.

»Gott, wie schön er ist!«, raunte Däumelieschen der Schwalbe zu.

Der kleine Prinz erschrak gewaltig vor der Schwalbe, denn gegen ihn, der so klein und fein war, schien sie ein wahrer Riesenvogel zu sein. Als er aber Däumelieschen gewahrte, ward er gar froh, war sie doch das allerschönste Mädchen, das er bis jetzt gesehen hatte. Deshalb nahm er die Goldkrone von seinem Haupte und setzte sie ihr auf, fragte, wie sie hieße und ob sie seine Gemahlin sein wollte, dann sollte sie Königin über alle Blumen werden. Potztausend! Das war doch ein anderer Mann als der Sohn der Kröte und der Maulwurf mit dem schwarzen Samtpelz. Sie gab deshalb dem schönen Prinzen das Jawort, und von jeder Blume kam eine Dame oder ein Herr, so allerliebst, dass es eine Lust war. Jedes brachte Däumelieschen ein Geschenk, aber das beste von allen waren ein Paar schöne Flügel von einer großen weißen Fliege. Sie wurden

Däumelieschen am Rücken befestigt und nun konnte auch sie von Blume zu Blume fliegen. Überall herrschte darüber Freude, und die Schwalbe saß oben in ihrem Neste und sang ihnen etwas vor, so gut sie vermochte, aber im Herzen war sie gleichwohl betrübt, denn sie hatte Däumelieschen gar lieb und würde sich nie von ihr getrennt haben.

»Du sollst fortan nicht mehr Däumelieschen heißen!«, sagte der Engel der Blumen zu ihr. »Das ist ein hässlicher Name und du bist so schön. Wir wollen dich Maja nennen!«

»Lebe wohl, lebe wohl!«, sagte die Schwalbe und zog wieder fort aus den warmen Ländern, weit fort nach unserem kalten Himmelsstriche. Dort hatte sie ein kleines Nest oben an dem Fenster, wo der Mann wohnt, der Märchen erzählen kann. Dem sang sie ihr »Quivit, quivit« vor. Davon haben wir die ganze Geschichte.

Des Kaisers neue Kleider

Vor vielen Jahren lebte einmal ein Kaiser, der so große Stücke auf hübsche neue Kleider hielt, dass er all sein Geld ausgab, um nur immer recht geputzt einherzugehen. Er kümmerte sich nicht um seine Soldaten, kümmerte sich nicht um Theater und Waldpartien, außer wenn es galt, seine neuen Kleider zu zeigen. Für jede Tagesstunde hatte er einen besonderen Rock, und wie man von einem Könige sagt: »Er befindet sich im Rat«, so sagte man hier immer: »Der Kaiser ist im Kleiderzimmer!«

In der großen Stadt, in der er residierte, ging es sehr lustig zu; jeden Tag kamen dort viele Fremde an. Eines Tages erschienen auch zwei Betrüger, die sich für Weber ausgaben und behaupteten, dass sie das schönste Zeug, das man sich denken könnte, zu weben verständen. Nicht allein wären die Farben und das Muster schon ungewöhnlich schön, sondern die Kleider, die man von diesem Zeuge anfertigte, hätten auch die wunderbare Eigenschaft, dass sie jedem Menschen, der für seinen Beruf nicht taugte oder unerlaubt dumm wäre, unsichtbar blieben.

Das wären ja herrliche Kleider!, dachte der Kaiser, wenn ich solche Röcke anhätte, könnte ich ja dahinterkommen, welche Männer in meinem Reiche zu dem Amte, das sie bekleiden, nicht taugen; ich könnte die Klugen von den Dummen scheiden! Ja, das Zeug muss gleich für mich gewebt werden! Und er gab den beiden Betrügern ein reiches Handgeld, damit sie ihre Arbeit beginnen möchten.

Sie stellten auch zwei Webstühle auf, stellten sich, als ob sie arbeiteten, hatten aber nicht das Geringste auf dem Stuhle. Im Verlangen waren sie jedoch nicht faul; sie begehrten die feinste Seide und das prächtigste Gold. Das steckten sie in die eigene Tasche und arbeiteten an den leeren Webstühlen, und zwar bis tief in die Nacht hinein.

Nun möchte ich doch wohl wissen, wie weit sie mit dem Zeuge sind!, dachte der Kaiser, aber es war ihm doch ein wenig bänglich um das Herz bei dem Gedanken, dass derjenige, welcher dumm oder für sein Amt schlecht geeignet wäre, es nicht zu sehen vermöchte. Er glaubte zwar wohl, dass er seinetwegen nicht ängstlich zu sein brauchte, er zog es aber doch vor, erst einen anderen zu senden, um nachzusehen, wie es stände. Alle Leute in der ganzen Stadt wussten, was für eine wunderbare Kraft das Zeug hätte, und waren sehr gespannt zu sehen, wie töricht oder dumm sein Nachbar wäre.

Ich will meinen alten, ehrlichen Minister zu den Webern schicken!, dachte der Kaiser, er kann am besten unterscheiden, wie sich das Zeug ausnimmt, denn er hat Verstand, und niemand ist besser als er für sein Amt geeignet! Nun ging der alte, gutherzige Minister in den Saal hinein, in dem die beiden Betrüger an den leeren Stühlen saßen und arbeiteten. Gott behüte uns!, dachte der alte Minister und sperrte die Augen weit auf, ich kann ja gar

nichts sehen! Aber das sagte er nicht.

Die beiden Betrüger ersuchten ihn näherzutreten und fragten, ob es nicht ein schönes Muster und prächtige Farben wären. Damit zeigten sie auf den leeren Webstuhl, und der arme Minister wurde nicht müde, die Augen aufzureißen, aber er konnte nichts wahrnehmen, denn es war nichts da. Mein Gott!, dachte er, sollte ich dumm sein? Das habe ich nie geglaubt, und das darf kein Mensch erfahren! Sollte ich für mein Amt nicht taugen? Nein, es geht nicht an, dass ich erzähle, ich könne das Zeug nicht sehen!

»Nun, Sie sagen ja nichts dazu!«, äußerte der eine am Webstuhle.

»Oh, es ist vortrefflich, ganz allerliebst!«, sagte der alte Minister und schaute durch seine Brille. »Dieses Muster und diese Farben! Ja, ich werde dem Kaiser berichten, dass es mir außerordentlich gefällt!«

»Nun, das freut uns!«, sagten beide Weber, und darauf bezeichneten sie die Farben mit Namen und erläuterten das eigentümliche Muster. Der alte Minister lauschte aufmerksam zu, damit er dasselbe sagen könnte, wenn er zum Kaiser zurückkäme, und so tat er.

Nun verlangten die Betrüger mehr Geld, mehr Seide und Gold, das sie alles noch zum Gewebe brauchten. Sie steckten alles in ihre eigenen Taschen, auf den Webstuhl kam nicht ein Faden, aber sie fuhren wie vorher fort, an den leeren Stühlen zu arbeiten.

Der Kaiser sandte bald wieder einen anderen gutmütigen Beamten hin, um zu revidieren, wie es mit dem Weben ginge und ob das Zeug bald fertig wäre. Es ging ihm genau wie dem Minister, er guckte und guckte, da aber außer dem leeren Webstuhle nichts da war, konnte er auch nichts sehen.

»Nicht wahr, das ist ein schönes Stück Zeug?«, sagten die beiden Betrüger und zeigten und erklärten das schöne Muster, das gar nicht da war.

Dumm bin ich doch eben nicht!, dachte der Mann, es ist demnach mein gutes Amt, zu dem ich nicht tauge. Das wäre doch sonderbar, doch darf man es wenigstens nicht merken lassen! So rühmte er denn das Zeug, welches er nicht sah, und versicherte ihnen seine Freude über die schönen Farben und das vortreffliche Muster. »Ja, es ist ganz allerliebst!«, sagte er zum Kaiser.

Alle Leute in der Stadt sprachen nur von dem prächtigen Zeuge.

Nun wollte der Kaiser selbst es sehen, solange es noch auf dem Webstuhle wäre. Mit einer ganzen Schar auserwählter Männer, unter denen sich auch die beiden alten, grundehrlichen Beamten befanden, die vorher dort gewesen waren, begab er sich zu den beiden listigen Betrügern, die nun aus Leibeskräften webten, aber ohne Faser und Faden.

»Ja, ist das nicht wahrhaft kostbar?«, sagten die beiden grundehrlichen Beamten. »Geruhen Eure Majestät nur zu bewundern, was für ein Muster, was für Farben!«, und dabei wiesen sie auf den leeren Webstuhl, denn sie dachten, die anderen könnten das Zeug doch sehen.

Was ist das!, dachte der Kaiser, ich sehe ja gar nichts! Das ist ja entsetzlich! Bin ich dumm? Tauge ich nicht zum Kaiser? Das wäre das Schrecklichste, was mir passieren könnte. »Oh, es ist ganz hübsch!«, sagte der Kaiser darauf laut. »Es hat meinen allerhöchsten Beifall!«, und er nickte zufrieden und betrachtete den leeren Webstuhl, er wollte nicht gestehen, dass er nichts sehen könnte. Das ganze Gefolge, das er mit sich hatte, guckte und guckte, bekam aber nicht mehr heraus als alle die anderen, gleichwohl sprachen sie alle dem Kaiser nach: »Oh, es ist ja ganz hübsch!«, und sie rieten ihm, diese neuen Kleider aus diesem herrlichen Stoffe zum ersten Mal bei dem feierlichen Aufzuge zu tragen, der bevorstand. »Reizend, herrlich und wundervoll!«, ging es von Mund zu Munde, und alle waren innig froh darüber. Der Kaiser verlieh den beiden Betrügern ein Ritterkreuz in das Knopfloch zu hängen und den Titel »Geheime Hofweber«.

Die ganze Nacht vor dem Vormittage, an dem der Aufzug stattfinden sollte, brachten die Betrüger wachend zu und hatten mehr als sechzehn Lichte angezündet. Alle Leute konnten sehen, wie beschäftigt sie mit der Anfertigung der neuen Kleider des Kaisers waren. Sie stellten sich, als ob sie das Zeug von den Webstühlen nähmen, schnitten mit großen Scheren in der Luft herum, nähten mit Nähnadeln ohne Faden und sagten endlich: »Sieh, nun sind die Kleider fertig!«

Der Kaiser kam mit seinen vornehmsten Hofleuten selbst zu ihnen, und beide Betrüger hoben den einen Arm in die Höhe, als ob sie etwas hielten, und sagten: »Seht, hier sind die Beinkleider! Hier ist der Rock! Hier der Mantel und so weiter. Es ist so leicht wie Spinnwebe! Man sollte meinen, man trüge nichts auf dem Körper, aber das ist gerade der Vorzug dabei!«

»Ja!«, sagten alle Hofleute, konnten aber nichts sehen, denn es war nichts da.

»Geruhen Eure Kaiserliche Majestät nun allergnädigst Hochdero Kleider abzulegen«, sagten die Betrüger, »dann wollen wir Hochdemselben hier vor dem großen Spiegel die neuen anziehen.«

Der Kaiser legte seine Kleider ab, und die Betrüger taten, als ob sie ihm jedes Stück der neuen Kleider, die angefertigt sein sollten, anzögen, und sie fassten ihn um die Hüften und stellten sich, als ob sie etwas festbänden, das sollte die Schleppe sein, und der Kaiser wandte und drehte sich vor dem Spiegel.

»Wie himmlisch sie kleiden, wie herrlich sie sitzen!«, riefen alle. »Welches Muster, welche Farben! Das ist ein kostbarer Anzug!«

»Draußen stehen sie mit dem Thronhimmel, welcher über Eure Majestät im feierlichen Zuge getragen werden soll!«, meldete der Oberzeremonienmeister.

»Nun, ich bin in Ordnung!«, sagte der Kaiser. »Sitzt es nicht gut?« Und dann wandte er sich noch einmal gegen den Spiegel, denn es sollte so aussehen, als ob er seinen Putz recht betrachtete.

Die Kammerherren, welche die Schleppe tragen sollten, langten

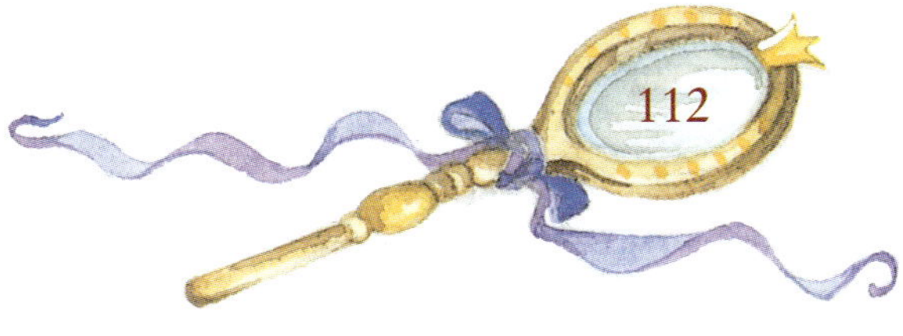

mit den Händen gegen den Fußboden, als wenn sie die Schleppe aufhöben. Sie gingen und hielten die Hände steif vor sich in der Luft, sie durften es sich nicht merken lassen, dass sie nichts sahen.

So ging denn nun der Kaiser bei dem feierlichen Umzuge unter dem prächtigen Thronhimmel, und alle Leute auf den Straßen und in den Fenstern riefen: »O Himmel, wie unvergleichlich sind doch des Kaisers neue Kleider!

Welch herrliche Schleppe trägt er am Rocke! Wie vortrefflich sitzt alles!« Niemand wollte sich merken lassen, dass er nichts sähe, denn sonst hätte er ja nicht zu seinem Amte getaugt oder wäre schrecklich dumm gewesen. Keines der kaiserlichen Kleider hatte bisher solches Glück gemacht.

»Aber er hat ja gar nichts an!«, rief plötzlich ein kleines Kind.

»O Himmel, hört die Stimme der Unschuld!«, sagte der Vater; und einer flüsterte dem anderen zu, was das Kind gesagt hatte.

»Er hat gar nichts an, ein kleines Kind ist dort, das behauptet, er habe gar nichts an!«

»Er hat ja gar nichts an!«, rief endlich das ganze Volk. Das wurmte den Kaiser, denn es schien ihm selbst, als ob das Volk Recht hätte, aber er dachte: »Jetzt hilft nichts, als standhaft auszuhalten!« Er nahm eine noch stolzere Haltung an, und die Kammerherren gingen und trugen die Schleppe, die gar nicht da war.

Der Schweinehirt

Es war einmal ein Prinz, er hatte nur ein ganz kleines Königreich, aber es war doch immer groß genug, sich darauf zu verheiraten, und verheiraten wollte er sich.

Nun war das freilich etwas keck von ihm, dass er sich herausnahm, zu des Kaisers Tochter zu sagen: »Willst du mich haben?« Aber er durfte es wohl, denn sein Name war weit und breit berühmt. Hunderte von Prinzessinnen gab es, die seine Bewerbung mit Freuden angenommen hätten. Aber lasst uns sehen, ob sie es tat.

Nun, wir werden ja hören!

Auf dem Grabe des Vaters des Prinzen wuchs ein Rosenstock, ein wahrhaft herrlicher Rosenstock! Nur alle fünf Jahre blühte er und trieb dann auch nur eine einzige Rose, aber diese duftete auch so herrlich, dass man bei ihrem Geruche alle seine Sorgen und Bekümmernisse vergaß. Auch hatte er eine Nachtigall, die zu singen verstand, als ob alle lieblichen Melodien in ihrer kleinen Kehle wohnten. Diese Rose und diese Nachtigall sollte die Prinzessin bekommen. Deshalb wurden sie beide in große silberne Behälter gesetzt und dann der Prinzessin übersandt.

Der Kaiser ließ sie vor sich her in den großen Saal tragen, in den die Prinzessin gegangen war, um mit ihren Hofdamen »Es kommt Besuch« zu spielen. Weiter hatten sie nichts. Als sie nun die großen Behälter mit den Geschenken gewahrte, klatschte sie vor Freude in die Hände.

»Wenn es doch ein Miezekätzchen wäre!«, sagte sie, aber da kam die herrliche Rose zum Vorschein.

»Nein, wie niedlich sie gemacht ist!«, sagten alle Hofdamen.

»Sie ist mehr als niedlich«, entgegnete der Kaiser, »sie ist wunderschön!«

Aber die Prinzessin befühlte sie und wäre fast in Tränen ausgebrochen.

»Pfui, Papa!«, rief sie aus. »Es ist keine künstliche Rose, sondern eine natürliche!«

»Pfui!«, stimmten alle Hofleute ein. »Es ist eine natürliche!«

»Lasst uns erst nachsehen, was sich in dem anderen Behälter befindet, ehe wir uns erzürnen!«, meinte der Kaiser, und da zeigte sich die Nachtigall. Sie sang so herrlich, dass man nicht gleich etwas Böses gegen sie vorzubringen wusste.

»Superbe! Charmant!«, riefen alle Hofdamen, denn sie plauderten sämtlich französisch, eine immer schlechter als die andere.

»Wie mich dieser Vogel an die Spieldose der hochseligen Kaiserin erinnert!«, versetzte ein alter Kavalier. »Ach ja, es ist genau derselbe Ton, derselbe Vortrag!«

»Ja!«, erwiderte der Kaiser, und dann weinte er wie ein kleines Kind.

»Das wird doch wohl kein natürlicher sein!«, rief die Prinzessin aus. »Ja, es ist ein natürlicher Vogel!«, sagten die Überbringer.

»Nun, dann lasst den Vogel fliegen!«, sagte die Prinzessin und wollte unter keiner Bedingung gestatten, dass der Prinz käme.

Dieser ließ sich jedoch nicht einschüchtern. Er rieb sich das Angesicht mit brauner und schwarzer Farbe, zog die Mütze weit hinunter und klopfte an.

»Guten Tag, Kaiser!«, sagte er. »Könnte ich nicht hier auf dem Schlosse in Dienst treten?«

»Ach, hier gibt es so viele, die eine Stelle suchen!«, entgegnete der Kaiser. »Aber lass einmal sehen! Ich brauche wirklich im Augenblick jemand, der die Schweine hüten kann, denn wir besitzen davon eine große Herde!«

So wurde denn der Prinz zum kaiserlichen Schweinehirten ernannt. Er erhielt ein elendes Kämmerchen unten neben dem Koben, und hier musste er bleiben. Aber den ganzen Tag saß er und arbeitete, und als es Abend war, hatte er einen niedlichen kleinen Topf vollendet. Oben auf demselben hatte er ringsherum Schellen angebracht, die, sobald der Topf kochte, gar prächtig klingelten und die alte Melodie spielten:

»Ach, du lieber Augustin,
alles ist weg, weg, weg!«

Aber das Allerkünstlichste war doch, dass man, sobald man den Finger in den aus dem Topfe emporsteigenden Dampf hielt, sofort riechen konnte, was für Speisen auf jedem Herde in der Stadt zubereitet wurden. Das war freilich etwas anderes als eine Rose!

Nun spazierte die Prinzessin mit allen ihren Hofdamen vorüber, und als sie die Melodie hörte, blieb sie stehen und sah sehr heiter aus, denn sie konnte auch »Ach, du lieber Augustin« spielen. Das war das Einzige, was sie konnte, aber sie spielte es mit einem Finger.

»Das kann ich auch!«, rief sie aus. »Das muss wirklich ein gebildeter Schweinehirt sein. Höre, gehe hin und frage ihn, wie viel das Instrument kostet!«

So musste denn eine der Hofdamen hinspringen, doch zog sie zuvor Holzpantoffeln über.

»Wie viel verlangst du für den Topf?«, fragte die Hofdame.

»Ich verlange zehn Küsse von der Prinzessin!«, antwortete der Schweinehirt.

»Gott bewahre uns!«, rief die Hofdame.

»Ja, weniger kann ich nicht nehmen!«, entgegnete der Schweinehirt.

»Nun, was sagte er?«, fragte die Prinzessin.

»Das kann ich wirklich nicht sagen!«, erwiderte die Hofdame. »Es ist zu entsetzlich!«

»Dann kannst du es mir zuflüstern!« Und sie flüsterte es ihr nun zu.

»Er ist ja unartig!«, sagte die Prinzessin und ging schnell weiter. Aber kaum war sie eine kurze Strecke gegangen, da spielten die Schellen so lieblich:

»Ach, du lieber Augustin,
alles ist weg, weg, weg!«

»Höre!«, begann die Prinzessin von neuem. »Frage ihn, ob er zehn Küsse von meinen Hofdamen will!«

»O nein!«, sagte der Schweinehirt. »Zehn Küsse von der Prinzessin, oder ich behalte meinen Topf!«

»Was das für eine ärgerliche Sache ist!«, meinte die Prinzessin. »Aber dann müsst ihr euch wenigstens vorstellen, damit es niemand zu sehen bekommt!«

Und die Hofdamen stellten sich vor sie hin, breiteten ihre Kleider aus, und dann erhielt der Schweinehirt die zehn Küsse und sie den Topf.

Nun, das war eine Glückseligkeit! Den ganzen Abend und den ganzen Tag musste der Topf kochen. Nicht ein Herd war in der ganzen Stadt, von dem sie nicht gewusst hätten, was darauf gekocht wurde, sowohl beim Kammerherrn als beim Schuhmacher. Die Hofdamen tanzten und klatschten in die Hände.

»Wir wissen, wer süße Suppe und Pfannkuchen haben wird! Wir wissen, wem Grütze und Karbonade aufgetragen wird! Wie reizend! Wie herrlich!«

»Wahrhaft reizend!«, stimmte die Oberhofmeisterin ein.

»Haltet aber ja reinen Mund, denn ich bin des Kaisers Tochter!«

»Kein Sterbenswort kommt über unsere Lippen!«, beteuerten sie sämtlich.

Der Schweinehirt, das heißt der Prinz, aber sie wussten ja nicht anders, als dass er ein wirklicher Schweinehirt wäre, ließ den Tag nicht vorübergehen, ohne etwas Neues zu arbeiten, und da verfertigte er eine Knarre. Wenn man diese drehte, so erklangen alle Walzer, Hopser und Polkas, die man seit der Schöpfung der Welt kannte.

»Aber das ist süperb!«, sagte die Prinzessin beim Vorübergehen. »Nie habe ich ein schöneres Kunstwerk spielen hören. Geh hin und frage ihn, was das Instrument kostet. Aber Küsse gebe ich nicht!«

»Er will hundert Küsse von der Prinzessin haben!«, sagte die Hofdame, die sich erkundigt hatte.

»Ich glaube, er ist närrisch!«, sagte die Prinzessin und ging weiter. Aber kaum war sie eine Strecke gegangen, als sie stehen blieb. »Man muss die Kunst aufmuntern«, sagte sie, »dazu bin ich des Kaisers Tochter! Sag ihm, ich will ihm wie gestern zehn Küsse geben, den Rest kann er sich bei meinen Hofdamen holen!«

»Aber wir tun es so ungern!«, sagten die Hofdamen.

»Schnickschnack!«, versetzte die Prinzessin. »Wenn ich ihn küssen kann, dann könnt ihr es ebenfalls. Denkt daran, dass ich euch Kost und Lohn gebe!« Es half nichts, die Hofdamen mussten wieder zu ihm hin.

»Hundert Küsse von der Prinzessin!«, sagte er. »Oder jedes behalt das Seinige.«

»Stellt euch vor!«, sagte sie; und da stellten sich alle Hofdamen vor, und nun küsste er.

»Was mag nur der Auflauf dort unten beim Schweinekoben zu bedeuten haben!«, sagte der Kaiser, der auf den Altan hinausgetreten war. Er rieb sich die Augen und setzte sich die Brille auf. »Da haben ja die Hofdamen ihre Hand mit im Spiele. Ich will einmal zu ihnen hinunter!« Schnell zog er seine Pantoffeln hinten in die Höhe, denn es waren Schuhe, die er niedergetreten hatte.

Potztausend, wie eilig er es hatte! Als er in den Hof hinunterkam, trat er ganz leise auf, und die Hofdamen hatten so viel damit zu tun, die Küsse zu zählen, damit es hübsch ehrlich dabei zuginge und er nicht zu viele, aber auch nicht zu wenige erhielte, dass sie den Kaiser gar nicht bemerkten. Er stellte sich auf die Fußspitzen.

»Was ist denn das?«, sagte er, als er sah, wie sie sich küssten, und dann schlug er mit dem Pantoffel auf sie los, gerade als der Schweinehirt den sechsundachtzigsten Kuss empfing.

»Hinaus!«, rief der Kaiser, denn er war sehr zornig, und sowohl der Schweinehirt wie die Prinzessin wurden aus seinem Kaiserreiche vertrieben.

Da stand sie nun und weinte, der Schweinehirt schalt und der Regen floss stromweise hernieder.

»Ach, ich elendes Menschenkind!«, seufzte die Prinzessin. »Hätte ich doch den hübschen Prinzen genommen! Ach, wie unglücklich ich bin!«

Und der Schweinehirt ging hinter einen Baum, wischte sich das Schwarze und das Braune aus dem Angesicht, warf die garstigen Kleider von sich und trat nun in seiner Prinzentracht hervor, so schön, dass sich die Prinzessin unwillkürlich vor ihm verneigen musste.

»Du hast mich so weit gebracht, dich zu verachten!«, begann er. »Du wolltest keinen ehrlichen Prinzen haben! Du verstandest dich nicht auf Rosen und Nachtigallen, aber den Schweinehirten konntest du um eines Spielwerks willen küssen. Was du jetzt erduldest, hast du verdient.«

Und dann ging er in sein Königreich, machte die Tür zu und legte einen Riegel vor, sodass sie draußen stehen und singen konnte:

»Ach, du lieber Augustin,
alles ist weg, weg, weg!«

Hans Christian Andersen wurde 1805 in Odense in Dänemark geboren. Er war der Sohn eines armen Schuhmachers und konnte die Schule zunächst nicht besuchen. Als dem Dänenkönig Friedrich VI. seine Begabung aufgefallen war, ermöglichte er ihm Schulunterricht und später ein Universitätsstudium. Der Weltruhm des Schriftstellers, Romanautors und Dichters Andersen ist auf den insgesamt 168 von ihm geschriebenen Märchen begründet. Bis heute gehören die Märchen von H. C. Andersen zu den bekanntesten und beliebtesten Geschichten der Weltliteratur für Kinder. Andersen starb 1875 in Kopenhagen.

Sabine Metz absolvierte ihr Studium der Freien Grafik und Illustration an der Folkwang-Schule in Essen. Seitdem lebt sie als freiberufliche Illustratorin in der Ruhrfestspielstadt Recklinghausen. Nicht nur als Mutter von drei Söhnen liegen ihr Kinderbücher sehr am Herzen, deshalb hat ihr die Arbeit an Andersens Erzählungen besonders viel Freude bereitet. Mit ihren wunderschönen, detailgetreuen und historisch anmutenden Aquarellbildern versetzt sie alle Leser, egal ob jung oder alt, in die Märchenwelt vergangener Zeiten und macht so dieses Buch zu einem kostbaren Schatz.

Bibliografische Information Der Deutschen Bibliothek

Die deutsche Bibliothek verzeichnet diese Publikation
in der Deutschen Nationalbibliografie; detaillierte
bibliografische Daten sind im Internet über
http://dnb.ddb.de abrufbar.

Illustrationen: Sabine Metz
ISBN 3-7607-1399-8

www.arsedition.de